EL LIBRO DE ENOC

Prefacio de
José Luis Belmonte

Flor de lis Ediciones
Barcelona   Miami

Traducción al español: Cristina Illamola
Copyright de la traducción © 2012 Porcia Ediciones, S.L
Prefacio © 2012 José Luis Belmonte

Reservados todos los derechos. Publicado por:

>PORCIA EDICIONES, S.L.
>C/ Aragón 621 4º 1ª - Barcelona 08026 (España)
>Tel./Fax (34) 93 245 54 76

>13155 SW 123 Ave. Unit 11 - Miami, FL 33186-5943 (USA)
>Toll Free: 1 (866) 828-8972
>Tel. (1) 305 364-0035

>E-mail: porciaediciones@yahoo.com
>www.porciaediciones.com

FLOR DE LIS EDICIONES es un sello de PORCIA EDICIONES.

Ninguna parte de este libro puede ser reproducida, traducida, almacenada, anunciada o transmitida en forma alguna por medios electrónicos o mecánicos, ni utilizada en cualquier formato o medio de comunicación, sin permiso por escrito de Porcia Ediciones, excepto por críticos que podrán citar breves pasajes en reseñas.

Diseño de cubierta: © 2012 Porcia Ediciones, S.L.
La imagen de la cubierta tiene los derechos para su uso reservados. No puede ser usada o copiada en ningún medio, ni por fotocopia, sin autorización del autor, quedando sometida cualquier infracción a las sanciones legalmente establecidas.

1ª edición: octubre 2012
ISBN: 978-1490957425

Impreso en EE.UU.
Printed in USA

Índice

PREFACIO 5

EL LIBRO DE ENOC 23

    Libro de los vigilantes 25

    Libro de las parábolas 55

    Libro astronómico 93

    Libro de los sueños 113

    Cartas de Enoc 137

Prefacio

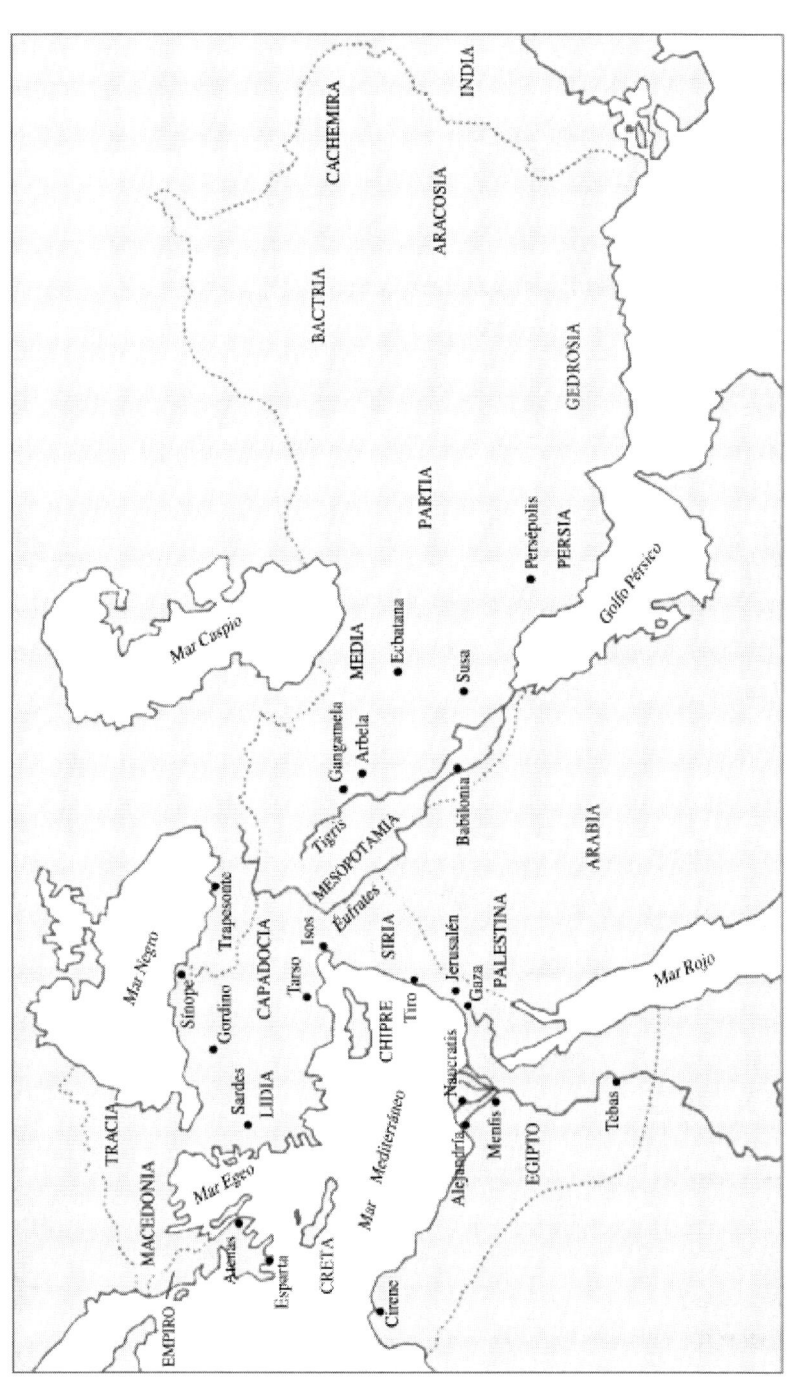

Introducción

El libro de Enoc está catalogado como literatura apocalíptica judía, esto es, libros en su mayoría no reconocidos por la Iglesia (apócrifos) los cuales tienen la siguiente estructura: aparece un sabio notorio o un profeta bíblico, como Adán, Ezra o el propio Enoc, a quien durante un sueño le son reveladas una serie de visiones que un ángel va interpretando.

La palabra apocalíptico, aunque nos suene contundente, proviene del griego «apokalypsis» y significa revelación o visión. En inglés al Apocalipsis de la Biblia lo llaman «el libro de la revelación»; en cambio el español conservó la raíz griega y le ha quedado una connotación de final catastrófico.

Según los expertos en escritos apocalípticos judíos, en el libro de Enoc encontramos las influencias de Babilonia —Iraq de hoy día—, de Persia —Irán actual— y del mundo helénico —Grecia y el imperio griego—.

Durante el largo cautiverio en Babilonia, los judíos vivieron un ambiente donde predominaba el culto a los astros y las estrellas. De hecho, el libro de Enoc equipara las estrellas con ángeles caídos.

Cuando los persas conquistaron Babilonia, transmitieron a los judíos a través del zoroastrismo, la creencia en ángeles y demonios en lucha constante; y también la creencia de que al final de los tiempos el bien triunfaría y el mal sería juzgado y condenado. ¿Verdad que nos suena familiar?

Tras la conquista de Babilonia, Alejandro Magno formó un imperio helénico que duró varios siglos. La idea que aparece en el libro de Enoc (1-36) acerca del origen de los demonios como consecuencia de matrimonios entre ángeles y mujeres, puede ser griega.

De hecho, en algunos textos griegos se producen matrimonios entre dioses y mujeres, y nacen demonios como fruto de esa unión; también perviven demonios como supervivientes de eras pasadas, y la ira de Dios por la unión entre seres divinos y humanos. Por último, hay mucho paralelismo entre las historias griegas de los titanes y lo que menciona el libro de Enoc acerca de la caída de los ángeles por instruir a los hombres en ciertas artes. El castigo para titanes y ángeles caídos fue similar: encadenarlos bajo tierra y arrojarlos al fuego.[1]

Un gran número de textos apocalípticos fueron creados por los judíos conocidos como la diáspora, entre los siglos III y I a.C., y se escribieron en hebreo, arameo y griego, tanto dentro como fuera de Palestina.

Donde alcanzaron mayor popularidad fue precisamente entre los de fuera, llegando a ser traducidos a la mayoría de lenguajes de la diáspora: sirio, árabe, armenio, etíope, latín, etc. De todos ellos el libro Enoc es uno de los más importantes y se escribió precisamente en esa época.

---

1. D.S. Russell. *The Method and Message of Jewish Apocalyptic*. The Westminster Press, Filadelfia, 1964, págs. 259-60.

El hecho de que Enoc se tradujera a muchos idiomas y fuera mencionado por muchos autores, dio pistas de las zonas donde podía encontrarse. Tras rumores de su posible conservación en Etiopía, el viajero escocés James Bruce (1730-1794) recuperó tres manuscritos en etíope que hoy llamamos 1 Enoc. Richard Laurence (1760-1838) tradujo uno de esos manuscritos al inglés en 1821. Es la versión que publicamos en este libro.

Más tarde se encontró otra versión escrita en eslavo conocida como 2 Enoc, la cual conocemos como *Los secretos de Enoc* o *El Enoc eslavo*. Posteriormente apareció un tercer manuscrito incompleto en hebreo posterior al siglo V, llamado 3 Enoc, y finalmente uno más en copto del siglo V también incompleto, el 4 Enoc.

Gracias a las investigaciones de R. H. Charles (1855-1931) quedó establecido que el libro de Enoc no era en realidad un solo libro sino un compendio de cinco:

1. Libro de los vigilantes: Capítulos 1-36
2. Libro de las parábolas: Capítulos 37-70
3. Libro astronómico: Capítulos 71-81
4. Libro de los sueños: Capítulos 82-90
5. Cartas de Enoc: Capítulos 91-105

Las partes más antiguas de Enoc son el libro de los vigilantes y el libro astronómico, ambos escritos hacia el siglo III a.C.

Cuando en éstas se describe un viaje de Enoc por la Tierra, cabría deducir que era plana[2]. Si viajábamos hacia el norte o al sur

---

2. J. Edward Wright. *The Early History of Heaven*. Oxford University Press, Nueva York, 2000, págs. 122-3.

encontraríamos un precipicio y un profundo abismo, y lo mismo si lo hacíamos hacia el este o el oeste. Tanto los primeros griegos como las tribus de Oriente próximo creían en una Tierra plana.

No fue hasta tiempos de Platón y Aristóteles —mediados del siglo IV— que empezó a circular la idea de que la Tierra era una esfera. De hecho, en Alejandría, a mediados del siglo III, Eratóstenes midió con sorprendente precisión el diámetro terrestre, y tanto él como Hiparco intentaron dibujar mapas de la Tierra encima de globos.

Quizás por tratar de mantener la tradición y luchar contra las nuevas corrientes, el libro de Enoc pretende aferrarnos a la imagen antigua del cosmos, donde el Sol y las estrellas al empezar el día, o la noche, entraban por una puerta y, cuando se terminaba el día, o la noche, salían por otra. Eso lo describe Enoc cuando habla de puertas en los confines de la Tierra, especialmente al este, donde sale el Sol, y al oeste, donde se pone.

Los persas

¿Quiénes eran esos persas cuya religión influyó tanto a los judíos? Esa religión procedía de una de las zonas más conflictivas del mundo, Irán, donde todavía perdura.

Empecemos por la palabra persa, que viene del griego y denota la provincia actual de Pars ubicada al suroeste de Irán, es decir, al sur e izquierda del mapa, colindando con Iraq. En aquella época Irán no existía, y en la zona que lindaba con Babilonia —el Iraq de hoy día— se encontraban la tribu de los persas al suroeste y la de los medas al noroeste.

Varios siglos antes de Alejandro, una poderosa dinastía de medas conquistó Nínive, la capital de Asiria, y también la planicie donde se encuentra Babilonia, acabando con un poderío asirio que, entre otras cosas, mantuvo en cautividad al pueblo judío. En el año 550 a.c. un rey persa conquistó el imperio que habían fundado los medas y entró triunfal en Babilonia. Así nació una dinastía persa que duraría hasta el 330 a.c., año en que Alejandro Magno conquistó Babilonia y acabó con el poder persa.

Para saber cuándo los judíos tuvieron contacto con las enseñanzas de Zaratustra tenemos que remontarnos al período en el que fueron liberados por el emperador persa Ciro II de la cautividad de Babilonia. El hecho de que el propio Isaías proclamase a Ciro II como ungido por Dios preparó el terreno.

Zoroastrismo

El zoroastrismo es la religión fundada en el antiguo Irán —Persia en aquella época— por el profeta llamado Zoroastro o Zaratustra. Pese a ser una de las primeras religiones monoteístas del mundo, por debajo del único Dios había por un lado el bien, personificado por Ahura Mazda y sus ángeles, y por otro lado el mal, personificado por Angra Mainyu y sus demonios. Ambos eran opuestos y el conflicto entre ellos marcaba la vida de los hombres. El libro de Enoc nos intenta explicar de dónde proviene el mal y qué les pasa a los ángeles rebeldes.

Zaratustra se rebeló contra el politeísmo, y lo hizo demonizando las deidades llamadas daeva y eliminando los ahuras, conocidos en la India como asuras. Solo se salvó Ahura Mazda, que fue elevado al estatus de Dios único y verdadero del cual procedían el resto de divinidades. Esto también inspiró escritos como Enoc, pues los ángeles están encargados de atar demonios y otros ángeles rebeldes.

Zaratustra estaba librando una verdadera batalla, pues los que veneraban y adoraban a los daevas representaban la tradición religiosa de siempre, y para él significaban simplemente lo malévolo.[3]

Babilonia: culto a los astros

La tradición de venerar a los cuerpos celestes estuvo siempre presente en Babilonia desde la antigua Mesopotamia. En cambio, a Persia le debemos el hecho de considerarlos seres angélicos y la creación de una jerarquía de ángeles y arcángeles. Todo ello llegó a los judíos y a los griegos, y de allí a Roma.

En la antigua Mesopotamia y más tarde durante el esplendor de Babilonia, las estrellas afectaban al hombre de dos maneras: primero irradiaban de forma directa, como el Sol con sus rayos, y segundo, servían como mediadores entre Dios y el hombre[4]. Los astros se consideraban deidades que controlaban el destino de las personas y las naciones.[5]

---

3. R.C. Zaehner. *The teachings of the Magi. A Compendium of Zoroastrian Beliefs*. Sheldon Press, Londres, 1956, págs. 14-5.
4. Erika Reiner. *Astral Magic in Babylonia*. The American Philosophical Society, Philadelphia, 1995, pág. 15.
5. D.S. Russell. *The Method and Message of the Jewish Apocalyptic*, págs. 257-9.

Los libros apocalípticos judíos, y particularmente el libro de Enoc, no dicen claramente que el alma vaya a residir en el cielo (o en las estrellas) después de la muerte, pero casi. Por ejemplo, cuando en el libro de Enoc 61:18 menciona que los «los santos y elegidos [...] han sido vestidos con el traje de la vida» es casi como afirmar que el alma ascenderá al cielo.[6]

Se ha sugerido repetidas veces que el número siete proviene de la influencia persa; por ejemplo, en el libro de Enoc se habla de siete arcángeles, que seguramente aparecieron tras imitar la jerarquía persa llamada Amesha Spentas.

Parece ser que los judíos los convirtieron en los siete arcángeles. Sin embargo, hay un par de cosas que no cuadran: los Amesha Spentas eran seis, y con Ahura Mazda siete. Además, los nombres de unos y otros no concuerdan ni parecen tener relación entre el sistema judío y el zoroastrismo.

La explicación más plausible es que el número siete provenga de Babilonia y su culto a los astros que veneraba a los siete planetas (Sol, Luna, Mercurio, Venus, Marte, Júpiter y Saturno) como deidades que controlaban la vida de las personas y las naciones.

Alejandría

En la época en que se ya había escrito la mayor parte del libro de Enoc, hacia el final del siglo I a.C., había más judíos viviendo fuera que dentro de Palestina, y se dispersaron por todo el mundo

---

6. Alan Scott. *Origen and the Life of the Stars*. Clarendon Press, Oxford, 1994, pág. 91.

grecorromano de la época, especialmente por Egipto, donde vivían la mayoría de ellos. Allí precisamente en el año 331 a.c. y tras haber creado un imperio, Alejandro Magno fundó una ciudad concebida para diseminar al mundo la influencia helénica y recuperar al mismo tiempo la gloria y grandeza del antiguo Egipto. Predestinada a llegar alto, compartió con ella mucho más que una visión, y le cedió incluso su nombre: Alejandría.

Cuando se creó, habitaron mayoritariamente la ciudad egipcios, helenos (griegos en su mayoría) y judíos. Tan importante llegó a ser la comunidad hebrea en Alejandría que la ciudad fue el centro judío más importante de la época, sobrepasando incluso a la comunidad de Babilonia.[7]

El legado de los primeros tiempos de Alejandría fue muy importante: todos hemos oído hablar del faro de Alejandría, una de las siete maravillas del mundo antiguo. Lo que la mayoría ignoramos es que fue construido en la isla de Faros, y que fue ese lugar el que dio nombre a la palabra faro. Mucho más que en la propia Palestina, fue en Alejandría donde la literatura apocalíptica judía tuvo mayor aceptación y allí se llegaron a componer bastantes obras apocalípticas.

Pero quizás el gran legado histórico de Alejandría fue la Septuaginta: la primera traducción de la Biblia hebrea al griego, en la cual estaba incluido el libro de Enoc. La carta de un hombre llamado Aristeas dirigida a su hermano aporta datos históricos sobre la traducción, efectuada a petición del rey Ptolomeo II Fi-

---

7. Antonía Tripolitis. *Religions of the Hellenistic-Roman Age*. Wm. B. Eerdmans Publishing Co., Cambridge, 2002, págs. 64-71.

ladelfo (284-246 d.C.), que quería una copia para la gran biblioteca de Alejandría. Para ello su bibliotecario solicitó al templo de Jerusalén que enviara setenta y dos traductores a Alejandría con los pergaminos de la Torá hebrea. Al final parece ser que llegaron setenta —de ahí el nombre Septuaginta— y fueron conducidos a la isla de Faros, que comunicaba con Alejandría mediante una calzada elevada, donde produjeron la primera versión de la traducción de la Biblia al griego, ¡en tan solo setenta y dos días! Ciertamente un poco rápido, pero bien, ahí queda el dato, al menos eso decía la carta del mencionado Aristeas.

Orígenes de Alejandría

Considerado uno de los padres de la Iglesia junto con San Agustín y Santo Tomás, gracias a Orígenes (185-254 d.C.) supimos de la existencia de algunos textos apocalípticos judíos.

Orígenes vivió una Alejandría donde convivían filosofía, judaísmo y cristianismo; un lugar donde el paganismo era tan común como el gnosticismo, y donde la astrología era una práctica habitual. De hecho, en textos paganos de la época helénica ya se establecía conexión entre estrellas y demonios.

Especialmente durante la época helenística en Alejandría se desarrolló mucho la astrología, la cual estableció una conexión entre planetas y dioses paganos que tanto griegos como judíos conocían ya desde Babilonia; y aunque creamos que los judíos fueron inmunes a esta influencia, fue todo lo contrario. En realidad, documentos judíos de la época muestran el carácter religioso que tenía la astrología; no olvidemos que los planetas eran considerados dioses y como tales debían ser venerados, práctica que todavía se usa actualmente en la India.

Sin embargo, los judíos personificaron a los planetas no como dioses sino como ángeles, es decir, mensajeros divinos. Esta tendencia entre los judíos se aplicó no solo a la astrología, ocurrió también en el libro de Enoc, donde vemos que los judíos veían a Dios aislado de este mundo y delegando el trabajo a sus subordinados: los ángeles.

Orígenes creía en un universo repleto de seres espirituales cuyos poderes y responsabilidades eran superiores a los de la raza humana y, siguiendo la moda filosófica de la época, los dividía en ángeles y cuerpos celestes (estrellas o planetas), sin mencionar relación alguna entre ellos.

Según Orígenes, el ejercicio del libre albedrío permitía al alma alcanzar el reino angélico en esta vida o convertirse en una bestia. Y esto también lo aplicaba al reino angélico, pues tal como nos muestra el libro de Enoc, aunque los ángeles hubieran sido poderosos, podían caer y convertirse en malévolos[8]. Por tanto Orígenes dedujo que la esencia de un ángel o un demonio no dependía de cómo fue creado, sino de sus decisiones. Interesante, ¿verdad?

En el libro de Enoc también hay ángeles (o demonios) asociados a estrellas, y los conecta diciendo que «su conversión [de las estrellas] fue [a sumarse] al número de los ángeles» (Enoc 43:1), atribuyéndose, además, la capacidad de regular el curso de las estrellas y también las estaciones del año (Enoc 74:1-6).

---

8. Alan Scott. *Origen and the Life of the Stars*, págs. 133-5.

Más específicamente el libro de Enoc coloca a las estrellas bajo la responsabilidad del Arcángel Uriel (Enoc 81:8; 21:2,3; 73:1; 74:7).

Ángeles

Durante el período entre los dos Testamentos la creencia en ángeles crece a proporciones nunca vistas en el Antiguo. Precisamente los escritos judíos de esa época, y sobre todo el libro de Enoc, hacen gala de una angelología tan variada y desarrollada que parece importada de otra religión: la respuesta está en el zoroastrismo persa.

Según los expertos, el dualismo persa es diferente en muchos aspectos al que encontramos en el libro de Enoc y en los textos apocalípticos judíos; sin embargo, ángeles buenos de gran rango enfrentados con ángeles malignos también con rango, es una imagen que se ofrece tal cual en el zoroastrismo, y, por supuesto, eso nos da que pensar, pues el zoroastrismo lo venía predicando siglos atrás, mucho antes de que apareciera entre los judíos.[9]

Cuando se escribieron tanto Enoc como Daniel ya existía mucha tradición angélica entre los judíos, pero en ambos libros los ángeles aparecen por primera vez ordenados en una jerarquía bien elaborada, con oficio y rango como si se tratara de una legión, y es una de las primeras fuentes donde aparecen los siete arcángeles y sus nombres.

---

9. D.S. Russell. *The Method and Message of Jewish Apocalyptic*, págs. 258-9.

De hecho el libro de Enoc es la primera fuente escrita que nombra al Arcángel Miguel, y menciona a Rafael como uno de los siete arcángeles, encargado de todas las enfermedades y las heridas de los hijos de los hombres. El capitulo 20 lo describe como un ángel que rige las almas de los hombres. En el capítulo 10:6-12 el Señor pide a Rafael que sane y anuncie la curación de la Tierra, que ha sido corrompida por la ciencia de Azazel.

Los arcángeles del zoroastrismo

Según el zoroastrismo, Ahura Mazda es el padre y creador de los seis arcángeles, a los que se conoce como Spenta —benéficos—, Amesha —inmortales— o simplemente santos inmortales. Cada uno tiene una característica específica, y sus nombres representan virtudes o personificaciones de conceptos abstractos:

Vohn-Mano es el arcángel que da la bienvenida a las almas de los bendecidos y el que condujo al profeta Zaratustra hacia Ahura Mazda. Es el primero que fue creado y el principal promotor del reino, significa buen pensamiento, se le asocia con la paz, y se opone a la discordia.

Asha-Vahista significa justicia y es la representación de la ley divina y el orden moral en el mundo.

Khshathra-Vairya significa soberanía respecto a lo material, es la personificación del poder, la majestad y la soberanía de Ahura Mazda.

Spenta-Annaiti significa sabiduría dentro del marco de la piedad. Es un ser femenino, hija de Ahura Mazda y el cielo, y personifica la piedad y la armonía religiosa. Dirige la Tierra que no es más que un símbolo de su bondad.

Haurvatat significa salud y es una arcangelina femenina que siempre se menciona junto con Ameretat. Es la personificación de completa salud y perfección.

Ameretat significa vida o inmortalidad y es otra arcangelina femenina que se menciona siempre junto con Haurvatat, y es la personificación de la inmortalidad.[10]

Demonios persas

En lo que respecta a la demonología que aparece en el libro de Enoc, la influencia persa es clarísima. Según ella, Angra-Mainyu es el príncipe de los demonios que encabeza las hordas de la oscuridad, a las que él mismo creó. Además, cuando sus seguidores fallecían, de los cuerpos de éstos nacían nuevos demonios. ¡De veras que se multiplicaban, hay quien todavía lo cree! Una terrible creencia...

A las órdenes del príncipe de la oscuridad se encontraban seis consumados demonios formando una especie de concilio del mal, compuesto por siete miembros.

Entre ellos destaca el demonio Aesma, que en persa sería Aesma daeva y después de la reforma de Zoroastro a los 'daevas' pasaron a ser considerados demonios. Por ejemplo, una de las hazañas por las que destaca el Arcángel Rafael en el libro de Tobías es por

---

10. George William Carter. *Zoroastrianism and Judaism*. The Gorham Press, Boston, 1918, págs. 55-68.

atar al diablo Asmodeo, importado del zoroastrismo, cuyo nombre proveniene del lenguaje persa avéstico, y significa «aesma» «daeva» o «demonio de la ira». El Talmud menciona también a Asmodeo, que probablemente llega al judaísmo durante el tiempo en el que este pueblo se halló bajo la dominación persa (s. vi a.c.), y más tarde pasaría al cristianismo.

Ángeles caídos

En conexión con los ángeles caídos se encuentran las estrellas, las cuales son aparentemente capaces de pecar, y pueden estar personificadas. En la versión etíope del libro de Enoc que aquí publicamos, se menciona más de una vez a las siete estrellas (Enoc 18:14 y 21:3) que transgredieron las órdenes de Dios y fueron confinadas por espacio de diez mil años o hasta el día de su juicio.[11]

Enoc 18:13-16 describe a las estrellas como pecadoras porque a veces «transgredieron» o erraron su curso; ello es debido a que visto desde la Tierra, a veces parece que un planeta vaya hacia atrás —ello ocurre cuando se ponen retrógrados porque la Tierra se mueve más rápido— y según el libro de Enoc ese hecho merecía castigo, por su «rebeldía». Hay también otro párrafo en Enoc (21:1-6) donde se menciona otro castigo a las estrellas, aunque más ambiguo.[12]

---

11. Lynn Thorndike. *A history of Magic and Experimental Science*, vol. 1. Columbia University Press, New York, 1923, pág. 344.
12. Alan Scott. *Origen and the Life of the Stars*, págs. 91-3.

Dos caídas diferentes: nefilim y vigilantes

En el momento de la llegada de los vigilantes, en el capítulo 6 del Génesis está escrito que ya había nefilim en esos días, pero ocurre que en esa versión de la Biblia la palabra nefilim no aparece y se tradujo por gigante. A continuación menciona «después que se llegaron los hijos de Dios a las hijas de los hombres»: está hablando de la llegada de los ángeles que se aparearon y tuvieron hijos con mujeres humanas. Evidentemente, para tener hijos los ángeles primero tuvieron que encarnar y tomar cuerpo físico. Además, está claro que lo que los ángeles querían era yacer con mujeres, o sea que eso descarta tanto inseminación artificial como ingeniería genética grotesca y se reduce a una simple copulación, de la cual se engendraron los gigantes.

Aconteció que cuando comenzaron los hombres a multiplicarse sobre la faz de la Tierra, y les nacieron hijas, que viendo los hijos de Dios que las hijas de los hombres eran hermosas, tomaron para sí mujeres, escogiendo entre todas. Había gigantes en la Tierra en aquellos días, y también después que se llegaron los hijos de Dios a las hijas de los hombres, y les engendraron hijos. Estos fueron los valientes que desde la antigüedad fueron varones de renombre.

Génesis 6:1, 2, 4

Conclusión

El libro de Enoc, y sobre todo su primera parte, que ahora conocemos como el libro de los vigilantes, ha sido mencionada en muchos otros libros a lo largo de la Historia. El hecho de saber que había sido traducido a muchos idiomas y que incluso formó parte de la primera traducción de la Biblia, ha proporcionado indicios de su existencia y, gracias a Dios, pudo recuperarse, pues da a conocer no solo a los arcángeles sino también a muchos ángeles. Además, explica que estos pueden caer y cuáles son los motivos de su caída, y a la vez narra los orígenes del mal. Ciertamente no podemos perdernos esta joya de la literatura apocalíptica.

El libro de Enoc

Libro de los vigilantes

Capítulo 1

1. Esta es la palabra de bendición de Enoc, de cómo bendijo a los elegidos y a los justos, quienes vivirán en el día de la aflicción, y rechazó a todos los malvados e impíos. Enoc, un hombre justo, que estaba con Dios, tomó la palabra y habló, mientras sus ojos permanecían abiertos y tenía una santa visión en los cielos. Eso fue lo que me enseñaron los ángeles.
2. De ellos he oído todas las cosas y he comprendido lo que vi; aquello que no ocurrirá en esta generación sino en la que nos sucederá en un período lejano, con respecto a los elegidos.
3. Es a propósito de ellos que yo hablé y conversé con él, el Santo y Grande, el Dios del mundo, quien saldrá de su morada:
4. quien caminará más allá, hacia el monte Sinaí, aparecerá acompañado por sus huestes y se manifestará desde los cielos a través de la fuerza de su poder.
5. Y todos se atemorizarán, y los vigilantes se aterrarán.
6. Un gran temor y pavor les asaltará hasta los confines de la Tierra. Las altas montañas se agitarán y las elevadas colinas se hundirán, fundiéndose como un panal en la llama. La tierra quedará sumergida y todo lo que está en ella perecerá, mientras llegará el juicio de todos, incluso sobre los justos:

7. Pero dará paz a los justos: protegerá a los elegidos y tendrá clemencia de ellos.
8. De ese modo, todos ellos pertenecerán a Dios, serán dichosos y benditos y el esplendor de la Deidad los iluminará.

Capítulo 2

Mirad, Él viene con diez mil de sus santos, para juzgarlos y aniquilar a los infames y censurar todo lo carnal, por todo lo que los pecadores y los impíos han hecho y cometido contra Él.

Capítulo 3

1. Todos los que están en los cielos saben lo que allí acontece.
2. Saben que las luminarias celestiales no cambian su curso, que cada una se alza y se establece regularmente, cada una en su justo periodo, sin transgredir las órdenes que han recibido. Ellos contemplan la Tierra y comprenden todo lo que allí sucede, de principio a fin.
3. Ven que toda obra de Dios permanece invariable durante el periodo de su existencia. Contemplan el verano y el invierno, así perciben que toda la Tierra está colmada de agua, y que las nubes, el rocío y la lluvia la refrescan.

Capítulo 4

Ellos advierten y observan todos los árboles, cómo se marchitan y cómo cae cada una de sus hojas, salvo aquellos catorce árboles que no son caducos, sino que esperan con sus hojas viejas el brote de las nuevas, durante dos o tres inviernos.

Capítulo 5

Nuevamente contemplan los días de verano, aquellos en los que el sol está en sus comienzos, mientras buscáis un lugar cubierto y sombreado para protegeros del sol abrasador; mientras la tierra está calcinada por el calor intenso; un calor que os impide andar por el suelo o por las rocas.

Capítulo 6

1. También observan cómo los árboles se cubren de hojas y dan frutos cuando están colmados de hojas verdes; así comprenden todo y saben que Él, que vive eternamente, hace todas esas cosas por vosotros:
2. que las obras al inicio de cada año existente, que todas Sus obras le son obedientes e inmutables; tal y como Dios ha señalado sucederán todas las cosas.
3. Y ellos ven, también, cómo los mares y los ríos realizan simultáneamente sus respectivas acciones:
4. pero vosotros soportáis impacientes y sin cumplir con los mandamientos del Señor; habéis infringido y calumniado Su grandeza y malignas son las palabras contra Su Majestad en vuestra boca corrompida.
5. ¡Egoístas, que no haya paz para vosotros!
6. Por todo ello, maldeciréis vuestros días y los años de vuestra vida perecerán; la execración perpetua se multiplicará sin misericordia para vosotros.
7. En esos días renunciaréis a vuestra paz con las maldiciones eternas de todos los justos, y los pecadores os abominarán eternamente:

8. os abominarán junto con los impíos.
9. Los elegidos poseerán luz, alegría y paz, y heredarán la tierra.
10. Pero vosotros, impíos, seréis maldecidos.
11. Por eso, la sabiduría se dará a los elegidos, quienes vivirán sin pecar, ni por impiedad ni por orgullo, pero gracias a la prudencia se humillarán, y no volverán a caer en el pecado.
12. No serán condenados en el transcurso de su vida ni morirán de tormento o indignación, pero la suma de sus días se completará y envejecerán en paz, mientras los años de su felicidad se multiplicarán con alegría y paz, por siempre, mientras dure su existencia.

Capítulo 7

1. Esto sucedió después de que los hijos de los hombres se hubieran multiplicado en esos tiempos, y que les nacieran elegantes y bellas hijas.
2. Y cuando los ángeles, los hijos del cielo, las vieron, se enamoraron de ellas, y se dijeron los unos a los otros: Adelante, elijamos nosotros mismos esposas de entre la progenie de los hombres y engendremos hijos.
3. Entonces, su líder, Semiaza, les dijo: Temo que quizá no estéis capacitados para llevar a cabo esta empresa;
4. y que yo solo sufriré por este grave delito.
5. Pero le respondieron diciendo: Jurémoslo todos
6. y obliguémonos mediante execraciones mutuas que no cambiaremos nunca nuestras intenciones, sino que llevaremos a cabo nuestros proyectos.

7. Entonces juraron y se comprometieron todos juntos con execraciones mutuas. Finalmente, fueron doscientos los que descendieron sobre Ardis, situado en la cima del monte Hermón.

8. Por eso lo llamaron monte Hermón, porque es sobre él donde juraron y se comprometieron entre ellos con execraciones mutuas.

9. Estos son los nombres de sus jefes: Semiaza, que era su líder, Urakabarameel, Kobabiel, Tainiel, Ramuel, Daniel, Azkeel, Saraknial, Asael, Armaros, Batraal, Anane, Zavebe, Samsaveel, Ertael, Turel, Yomyael, Arazyal. Esos fueron los prefectos de los doscientos ángeles, y el resto los acompañaban.

10. Luego tomaron esposas, cada uno escogiendo por sí mismo, a las que primero se aproximaron y con las que convivieron, y les enseñaron brujería, encantamientos y el arte de cortar raíces y árboles.

11. Y estas concibieron, trayendo al mundo gigantes,

12. cuya altura era de trescientos codos cada uno. Ellos devoraban todo lo que el trabajo de los hombres producía, hasta que fue imposible alimentarlos más;

13. cuando (los gigantes) se volvieron contra los hombres para devorarlos,

14. y empezaron a herir a pájaros, bestias, reptiles y peces, a comer su carne uno tras otro, y a beber su sangre.

15. Entonces la tierra reprendió a los injustos.

Capítulo 8

1. Además Azazel enseñó a los hombres a elaborar espadas, cuchillos, escudos, corazas (para el pecho); (les enseñó) la fabri-

cación de espejos y de brazaletes y adornos, el uso de pintura, el embellecimiento de las cejas, el empleo de piedras de los tipos más valiosos y exclusivos, así como de todo tipo de tintes, de modo que el mundo cambió.

2. La impiedad fue en aumento, la fornicación se multiplicó y ellos pecaron y corrompieron todas sus formas.
3. Amiziras instruyó a todos los hechiceros y cortadores de raíces:
4. Armaros enseñó la brujería,
5. Baraquiel instruyó a los observadores de estrellas,
6. Kokabiel enseñó los presagios,
7. Tainiel enseñó astronomía,
8. Y Asdariel instruyó sobre el movimiento de la Luna.
9. Y los hombres, al ser destruidos, gritaron y su voz alcanzó el cielo.

Capítulo 9

1. Entonces Miguel y Gabriel, Rafael, Surial y Uriel miraron desde el cielo y vieron la cantidad de sangre derramada sobre la tierra y toda la perversidad cometida sobre ella, y se dijeron unos a otros: ésta es la voz de sus llantos;
2. la tierra privada de sus hijos ha gritado incluso hasta las puertas del cielo.
3. Y ahora a vosotros, oh santos de los cielos, las almas de los hombres se os lamentan diciendo: obtened justicia para nosotros ante el Altísimo. Entonces ellos dijeron al Señor, al Rey: Tú eres Señor de señores, Dios de dioses, Rey de reyes. El trono de tu gloria es por siempre jamás y tu nombre santificado y glorificado por siempre jamás. Eres bendito y glorificado.

4. Has creado todas las cosas; tú posees el poder sobre todas las cosas y todas las cosas son abiertas y se manifiestan ante ti; tú lo ves todo y nada puede ocultársete.
5. Tú has visto lo que ha hecho Azazel, cómo ha enseñado todos los tipos de perversidad en la Tierra y ha revelado al mundo todas las cosas secretas que se llevan a cabo en los cielos;
6. Semiaza, a quien tú habías dado autoridad sobre sus compañeros, también ha enseñado brujería. Han ido juntos hacia las hijas de los hombres, yacieron con ellas, se corrompieron;
7. y les han revelado todo pecado.
8. Las mujeres asimismo han traído al mundo gigantes.
9. Por eso toda la Tierra se ha llenado de sangre y perversidad.
10. Y ahora mirad: las almas de aquellos que están muertos gritan.
11. Y se lamentan incluso a las puertas del cielo.
12. Y su gemido asciende; pero no pueden escapar de la injusticia cometida en la Tierra. Vosotros conocéis todas las cosas antes de que estas existan.
13. Vosotros conocéis esas cosas, y lo que ellos han hecho, pero tú no nos hablas.
14. ¿Qué debemos hacerles por todas esas cosas?

Capítulo 10

1. Entonces el Altísimo, el Grande y Santo habló,
2. y envió a Sasaryalyor al hijo de Lámek,
3. diciéndole: dile en mi nombre, ocúltate.
4. Luego explícale la consumación que está a punto de tener lugar, por la que la Tierra entera perecerá: las aguas de un diluvio vendrán sobre toda la Tierra y todas las cosas que están en ella perecerán.

5. Y ahora enséñale cómo puede escapar y cómo su progenie puede perdurar en toda la Tierra.
6. De nuevo el Señor dijo a Rafael: Ata a Azazel, de pies y manos; arrójalo a las tinieblas y, abriendo el desierto que está en Dudael, échalo allí.
7. Lánzale piedras afiladas, y cúbrelo de tinieblas;
8. allí permanecerá eternamente; cúbrele también la faz de modo que no pueda ver la luz.
9. Y en el gran día del juicio, que sea arrojado a las llamas.
10. Regenera la Tierra que los ángeles han corrompido y anuncia la vida en ella, para que yo pueda revivirla.
11. No todos los hijos de los hombres perecerán a consecuencia de cada secreto por el que los vigilantes han destruido y que han enseñado a sus descendientes.
12. Toda la Tierra ha sido corrompida a causa de las enseñanzas de Azazel. Atribuidle, pues, todo delito.
13. El Señor dijo también a Gabriel: acércate a los bastardos, a los depravados, a los hijos de la fornicación y aniquila de entre los hombres a los hijos de la fornicación, los vástagos de los vigilantes; reúnelos y enfréntalos. Deja que mueran unos a manos de los otros, y no duren los días para ellos.
14. Te lo suplicarán todo pero no serán concedidos a sus padres sus deseos respecto a ellos, pues ellos esperan la vida eterna, y que cada uno de ellos viva quinientos años.
15. Y asimismo el Señor le dijo a Miguel: ve y anuncia su delito a Semiaza y a los que están con él, a los que se han juntado con las mujeres para que se corrompan con toda su impureza. Y cuando todos sus hijos hayan sido aniquilados, cuando vean la perdición de sus bienamados, aprisiónalos bajo tierra por

setenta generaciones hasta el día del juicio y la consumación, hasta que la sentencia, cuyo efecto pervivirá para siempre, se haya cumplido.

16. Después, entre tormentos, serán conducidos al abismo del fuego y serán recluidos para siempre.

17. Inmediatamente después, él [Semiaza] será quemado y perecerá con ellos; serán atados hasta la consumación de muchas generaciones.

18. Destruye todas las almas adictas a la concupiscencia y a los descendientes de los vigilantes, pues ellos han tiranizado a los hombres.

19. Haz que todo opresor de la faz de la Tierra perezca;

20. haz que toda obra del mal sea destruida;

21. que la planta de la justicia y de la rectitud aparezca y que su fruto sea una bendición.

22. La justicia y la rectitud serán plantadas con deleite por siempre.

23. Y entonces todos los santos darán gracias y vivirán hasta que hayan engendrado mil hijos, mientras toda su juventud y los días de descanso y oración transcurrirán en paz. En estos días, la Tierra entera será cultivada en la justicia y será completamente poblada de árboles y llenada de bendición; se plantarán sobre ella árboles de alegría.

24. Se plantarán viñas, y la vid que será plantada dará fruto hasta la saciedad; y cada semilla sembrada sobre ella producirá mil medidas por una; y una medida de aceitunas producirá diez lagares de aceite.

25. Purifica la Tierra de toda opresión, de toda injusticia, de todo delito, de toda impiedad y de toda impureza que se ha cometido en ella. Hazlos desaparecer de la Tierra.

26. Así todos los hijos de los hombres se volverán justos y todas las naciones me rendirán honores divinos y me bendecirán, y todos me adorarán.
27. La Tierra quedará limpia de toda corrupción, de todo delito, de todo castigo y de todo sufrimiento; y yo no enviaré ningún diluvio más sobre ella por las generaciones de las generaciones y hasta la eternidad.
28. En esos días abriré los tesoros de bendición que están en el cielo para hacerlos descender sobre la Tierra, así como sobre las obras y el trabajo del hombre.
29. La paz y la equidad se unirán con los hijos de los hombres todos los días del mundo, en cada una de sus generaciones.

[No consta el Capítulo 11]

Capítulo 12

1. Ante esos sucesos, Enoc fue ocultado; y no hay ningún hijo de los hombres que sepa dónde fue escondido, dónde estuvo ni qué sucedió.
2. Él, en sus días, estaba totalmente comprometido con los santos y con los vigilantes.
3. Yo, Enoc, estaba adorando al gran Señor y Rey de la paz.
4. Y he aquí que los vigilantes me llamaron Enoc, el escriba.
5. Entonces el Señor me dijo: Enoc, escriba de la justicia, ve y haz saber a los vigilantes del cielo, quienes han abandonado el cielo altísimo y su eterno lugar santo, aquellos que se han corrompido con las mujeres.
6. Y que se han comportado como los hijos de los hombres, tomando para sí esposas. Aquellos que han resultado sumamente corrompidos sobre la Tierra;

7. que para los que están en la Tierra no habrá paz ni remisión de pecado. Pues no gozarán de sus descendientes: contemplarán la aniquilación de sus bienamados, lamentarán que se destruya a sus hijos y aunque suplicarán eternamente, no obtendrán misericordia ni paz.

Capítulo 13

1. Entonces, Enoc, transmitiendo el mensaje, dijo a Azazel: No tendrás paz. Se ha pronunciado una importante sentencia contra ti. Él te aprisionará;
2. No tendrás alivio ni misericordia ni súplicas, a causa de toda la tiranía que has enseñado;
3. y a causa de cada obra de blasfemia, de tiranía y de pecado que tú has revelado a los hijos de los hombres.
4. Después, alejándome de él, les hablé a todos juntos;
5. y todos fueron presa del terror y temblaron.
6. Me rogaron que les escribiera un escrito de súplica, para que pudieran obtener perdón, y que lo hiciera ascender ante el Señor del cielo; porque a partir de entonces no pueden hablarle ni levantar los ojos al cielo, debido a la deshonrosa ofensa por la que fueron juzgados.
7. Entonces escribí su oración y súplica, por su alma, por todo lo que habían hecho y por lo que pedían en sus súplicas, de modo que obtuvieran remisión y paz.
8. Siguiendo mi camino, proseguí por las aguas de Danbadán, que está a la derecha hacia el oeste del Hermón, leyendo el escrito de su oración, hasta que me dormí.
9. Y hete aquí que tuve un sueño y que me aparecieron visiones y me rodearon. Caí y vi visiones de castigo, para que pudiera

relatarlas a los hijos del cielo, y reprenderlos. Cuando desperté, fui hacia ellos. Agrupados todos juntos lloraban, con el rostro cubierto, en Ublesyael, situado entre el Líbano y Senaser.

10. En su presencia, narré todas las visiones que había tenido y mi sueño;
11. y me puse a pronunciar esas palabras de justicia, reprendiendo a los vigilantes del cielo.

Capítulo 14

1. Este es el libro sobre las palabras de la justicia y de la reprensión de los vigilantes, que pertenecen al mundo, según lo que Él, que es santo y grande, ordenó en esa visión. Me di cuenta en mi sueño de que ahora hablaba gracias a mi aliento y con una lengua de carne humana, la cual el Todopoderoso había puesto en la boca de los hombres para que pudieran hablar entre ellos.
2. Y se comprendan con el corazón. Igual que Dios ha creado y ha otorgado a los hombres el poder de comprender la palabra de entendimiento, de igual modo ha creado y me ha otorgado el poder de reprender a los vigilantes, los hijos del cielo. He escrito vuestra súplica; y en mi visión se me ha mostrado que vuestra petición no será concedida mientras el mundo perdure.
3. Habéis sido juzgados: vuestra petición no os será concedida.
4. De ahora en adelante, jamás ascenderéis al cielo: Él ha ordenado aprisionaros en la Tierra en tanto el mundo perdure.
5. Pero antes de esto habréis de contemplar la muerte de vuestros amados hijos; no los poseeréis, sino que caerán ante vosotros por la espada.

6. Y no podréis suplicar ni por ellos ni por vosotros mismos;
7. pero sí podréis llorar y suplicar en silencio. Las palabras del libro que he escrito.
8. Y así fue cómo se me apareció la visión.
9. He aquí que, en ella, nubes y bruma me buscaron; estrellas centelleantes y relámpagos me impulsaron y me apresuraron, mientras los vientos de la visión acompañaban mi vuelo y aceleraban mi avance.
10. Me elevaron hacia el cielo. Avancé hasta que llegué a un muro construido de piedras de cristal. Una vibrante llama lo rodeaba y ello empezó a infundirme terror.
11. Entré en la vibrante llama;
12. y me acerqué a una espaciosa morada, construida también con piedras de cristal. Los muros y el suelo estaban asimismo formados por piedras de cristal, e igualmente toda la superficie. El techo parecía tener estrellas inquietas y relámpagos; y entre ellos había querubines de fuego en un cielo tormentoso. Una llama ardía alrededor de los muros, y su puerta llameaba en el fuego. Cuando entré en esa casa, ardía como fuego pero, a la vez, estaba helada como el hielo. No se percibía en ella rastro alguno de dicha o de vida. El terror me abrumó y un temblor aterrador se apoderó de mí.
13. Nervioso y tembloroso sobremanera, caí sobre mi rostro. En la visión que contemplaba...
14. he aquí que había otra casa más espaciosa que la primera, cuyas entradas estaban abiertas ante mí, y erigida en medio de una llama vibrante.
15. Sobresalía hasta tal punto en todos los aspectos, en gloria, en magnificencia y en magnitud, que me es imposible describirte su esplendor o su alcance.

16. Su suelo estaba en llamas; más arriba había relámpagos y estrellas centelleantes, mientras que el techo mostraba un fuego abrasador.
17. Atentamente la inspeccioné y pude ver que cobijaba un eminente trono;
18. su apariencia era como la escarcha; aunque su contorno recordaba al orbe del radiante sol; y allí estaba la voz de los querubines.
19. Por debajo del imponente trono salían ríos de fuego ardiente.
20. Contemplarlo era imposible.
21. Un gran ser glorioso se sentó en él:
22. aquel cuya túnica era más brillante que el sol y más blanca que la nieve.
23. Ningún ángel fue capaz de entrar para verle la cara al Glorioso y Refulgente; ni ningún mortal pudo contemplarlo. Un fuego ardiente le rodeaba.
24. Un fuego también de grandes dimensiones seguía levantándose ante Él; por eso ninguno de los que le rodeaban era capaz de acercársele, entre las miríadas de miríadas que estaban ante Él. El santo consejo, para Él, era innecesario. De todos modos, los santificados que estaban cerca de Él no se alejaban ni de día ni de noche; ni eran separados de Él. Y yo, tan adelantado hasta entonces, llevaba un velo en mi rostro, pero temblaba. Entonces el Señor con su propia boca me llamó y me dijo: Acércate aquí, Enoc, y escucha mi santa palabra.
25. Y me levantó, haciéndome acercar más a la entrada. Dirigí la mirada al suelo.

Capítulo 15

1. Después, dirigiéndome la palabra, habló y me dijo: Escúchame y no temas, oh virtuoso Enoc, escriba de la justicia; acércate aquí y escucha mi voz. Ve y di a los vigilantes del cielo, quienes te han mandado rezar por ellos: sois vosotros quienes debéis rezar por los hombres y no los hombres por vosotros.
2. ¿Por qué habéis abandonado el altísimo y santo cielo, que es eterno, y habéis yacido con las mujeres? ¿Por qué os habéis corrompido con las hijas de los hombres, tomándolas como esposas? ¿Por qué habéis actuado como los hijos de la Tierra y habéis engendrado hijos impíos?
3. Vosotros, que sois espirituales, santos y poseéis una vida eterna, os habéis corrompido con las mujeres; habéis engendrado con sangre carnal; habéis codiciado la sangre de los hombres y os habéis comportado como lo hacen aquellos que son carne y sangre.
4. Estos, sin embargo, mueren y perecen.
5. Por eso yo les he dado a ellos mujeres: para que convivan y tengan hijos; y así deberá ejecutarse sobre la Tierra.
6. Pero vosotros, desde los inicios, fuisteis creados como seres espirituales, con una vida eterna, sin vínculo alguno con la muerte.
7. Por ello no creé mujeres para vosotros, porque, en tanto que seres espirituales, vuestro hogar está en el cielo.
8. En cuanto a los gigantes, quienes han nacido de espíritu y de carne, serán llamados sobre la Tierra espíritus malvados y sobre la Tierra estará su morada. Los espíritus malvados han salido de la carne de aquellos, porque fueron creados arriba:

su origen y su creación surge de los santos vigilantes. Los espíritus malvados se esparcirán por la Tierra y serán llamados los espíritus de los infames. La morada de los espíritus celestiales está en el cielo; pero sobre la tierra está la morada de los espíritus terrestres, nacidos en la Tierra.

9. Y los espíritus de los gigantes serán como nubes, que oprimen, corrompen, caen, compiten y causan daños en la Tierra.
10. Causarán lamento. No comerán alimento alguno y tendrán sed; serán escondidos y no se elevarán contra los hijos de los hombres ni contra las mujeres; pues vienen durante los días de matanza y destrucción.

Capítulo 16

1. Y en cuanto a la muerte de los gigantes, dondequiera que sus espíritus se separen de sus cuerpos, dejad que su carne, que es perecedera, no sea juzgada; así perecerán hasta el día de la gran consumación del gran mundo. Una destrucción tendrá lugar a causa de los vigilantes y de los impíos.
2. Y ahora, a los vigilantes, quienes te han enviado para que reces por ellos y que al principio estaban en el cielo,
3. diles: en el cielo estabais, pero los secretos no se os han revelado; aunque habéis conocido un misterio fútil.
4. Y lo habéis relatado a las mujeres en el endurecimiento de vuestro corazón, y, debido a ese misterio, las mujeres y los hombres multiplicaron el mal sobre la Tierra.
5. Diles: por ello jamás habrá paz para vosotros.

Capítulo 17

1. Me elevaron a un lugar donde tomaban la apariencia de un fuego ardiente; y cuando les convenía, adoptaban el aspecto de hombres.
2. Me condujeron a un lugar altísimo, a una montaña cuya cima más alta tocaba el cielo.
3. Y yo admiré los receptáculos de luz y del trueno, situados en los extremos de ese lugar, allá donde era más profundo. Había un arco de fuego, con flechas en la aljaba, una espada de fuego y todo tipo de rayos.
4. Más tarde me elevaron hasta un arroyo que hablaba y hasta un fuego en poniente, que recibía todas las puestas de sol. Llegué a un río de fuego, que fluía como el agua y desembocaba en el gran mar que está hacia el oeste.
5. Vi todos los grandes ríos, hasta que alcancé la gran oscuridad. Fui adonde todo ser de carne emigra; y contemplé las montañas de la melancolía que significaba el invierno y el lugar del cual mana el agua en todo abismo.
6. Vi también la boca de todos los ríos de la Tierra y la de las profundidades.

Capítulo 18

1. A continuación, examiné los receptáculos de todos los vientos, y percibí que contribuían a embellecer toda la creación y a preservar la creación de la Tierra.
2. Examiné también la piedra que afianza las esquinas de la Tierra.
3. Asimismo vi los cuatro vientos que sostienen la Tierra y el firmamento de los cielos.

4. Y contemplé cómo los vientos ocupaban el enaltecido cielo.
5. Aflorando entre el cielo y la tierra y formando los pilares del cielo;
6. vi los vientos que transforman el cielo y delimitan el orbe del Sol y de todas las estrellas. Y, sobre la Tierra, observé los vientos que sostienen las nubes.
7. Distinguí el camino de los ángeles.
8. Percibí, en los confines de la Tierra, el firmamento de los cielos sobre el camino. Después continué en dirección al sur;
9. donde ardían, tanto de día como de noche, seis montañas de piedras gloriosas, tres hacia el este y tres hacia el sur.
10. Las que miraban al este eran de una piedra jaspeada; una de las cuales era de margarita[1] y la otra de antimonio[2]. Las que estaban al sur eran de piedra roja. La del centro se elevaba hasta el cielo como el trono de Dios, un trono compuesto de alabastro cuya parte superior era de zafiro. También vi un fuego ardiente que pendía de las montañas.
11. Y allí distinguí un lugar, al otro lado de un extenso territorio, donde se recoge el agua.
12. También divisé fuentes terrestres, en las profundidades de las ardientes columnas del cielo.
13. Y entre las columnas del cielo contemplé fuegos que descendían y cuya altura y profundidad eran inconmensurables. Sobre las fuentes, también percibí un lugar que no estaba cu-

---

1. Margarita. Según la Real Academia de la lengua española es la perla de los moluscos. [N. de la T.]
2. Antimonio. Duro, quebradizo y de color azulado, aunque algunas variedades alotrópicas son oscuras o casi negras. Fue utilizado como cosmético. [N. de la T.]

bierto por el firmamento de los cielos, ni había terreno firme bajo él; ni agua ni nada que volase sobre él. Sino que estaba completamente desierto.

14. Y allí contemplé siete estrellas, como grandes montañas resplandecientes y como espíritus que me rogaban.

15. A continuación el ángel dijo: Este lugar, hasta la consumación del cielo y de la tierra, será la prisión de las estrellas y el anfitrión de los cielos.

16. Las estrellas que ruedan sobre el fuego son las que transgredieron el mandamiento de Dios antes de que su momento llegase; pues llegaron en una estación no propicia. Por ello, Él se ofendió y las aprisionó hasta que llegue el tiempo de la consumación de su delito, en el año secreto.

Capítulo 19

1. Después Uriel dijo: Aquí es donde los ángeles, que han yacido con las mujeres, nombraron a sus líderes,

2. y al adoptar numerosas apariencias han hecho profanar a los hombres y les hicieron errar para que sacrificaran tanto demonios como dioses. Así, en el gran día habrá un juicio con el que serán juzgados hasta que se consuman; y sus mujeres también serán juzgadas, por llevar por el mal camino a los ángeles del cielo, para que las saludasen.

3. Y yo, Enoc, yo solo he visto qué aspecto tenía el fin de todo; y ningún hombre lo ha visto como yo lo he visto.

Capítulo 20

1. Estos son los nombres de los ángeles que vigilan:
2. Uriel, uno de los santos ángeles, que gobierna el clamor y el terror.
3. Rafael, uno de los santos ángeles, que gobierna los espíritus de los hombres.
4. Raguel, uno de los santos ángeles, que inflige el castigo al mundo y a las luminarias.
5. Miguel, uno de los santos ángeles, que, al gobernar la virtud humana, dirige las naciones.
6. Saraquiel, uno de los santos ángeles, que gobierna los espíritus de los hijos de los hombres que pecan.
7. Gabriel, uno de los santos ángeles, que gobierna a Ikisat [las serpientes], el paraíso y a los querubines.

Capítulo 21

1. Después rodeé un lugar donde todo estaba inacabado.
2. Y allí no pude contemplar ni la esmerada obra de un cielo eminente ni el de una tierra asentada, tan solo un lugar desierto, preparado pero espantoso.
3. También allí atisbé siete estrellas (del cielo), encadenadas juntas, como [si fueran] grandes montañas y como un fuego abrasador. Entonces exclamé: ¿Por qué tipo de delitos han sido encadenadas y por qué han sido trasladadas aquí? Entonces Uriel, uno de los santos ángeles que estaba conmigo y que me guiaba, contestó: Enoc, ¿por qué te formulas esas preguntas y te inquietas de esa forma? Estas son las estrellas que han transgredido la orden del altísimo Dios; y han sido encadenadas aquí hasta que el infinito número por días de sus delitos haya concluido.

4. De allí pasé a otro lugar más espantoso si cabe;
5. en él pude contemplar la combustión de un gran fuego abrasador y chisporroteante, en cuyo centro había una fisura. Columnas de fuego forcejeaban hacia el abismo, en un descenso profundo. Pero no pude ver ni sus dimensiones ni su magnitud, ni pude percibir su origen. Entonces exclamé: ¡Qué lugar más espantoso y qué difícil es explorarlo!
6. Uriel, uno de los santos ángeles que estaba conmigo, contestó diciendo: Enoc, ¿por qué te alarmas y te asombras al ver este horrible lugar, este lugar de sufrimiento? Esta es, explicó, la prisión de los ángeles; y aquí permanecen cautivos para siempre.

Capítulo 22

1. Desde allí proseguí hasta otro lugar: al oeste vi una inmensa y altísima montaña, una roca dura y cuatro agradables parajes.
2. Internamente era honda, espaciosa y muy lisa; tanto que parecía que la hubieran hecho rodar: era a su vez profunda y oscura al contemplarla.
3. Entonces, Rafael, uno de los santos ángeles que estaba conmigo, respondió y me dijo: estos son los apacibles lugares donde los espíritus, las almas de los muertos, serán recogidas; fueron creados para ellas y aquí serán reunidas todas las almas de los hijos de los hombres.
4. Hasta el día del juicio deberán ocupar los lugares en los que ahora residen, hasta entonces y hasta el periodo que les ha sido fijado.
5. Ese periodo (determinado) será largo, [pues se prolongará] hasta el gran juicio. Y vi los espíritus de los hijos de los

hombres que habían muerto, y sus voces alcanzaban el cielo mientras acusaban.

6. Entonces consulté con Rafael, uno de los ángeles que estaba conmigo, y le dije: ¿de quién es ese espíritu cuya voz llega hasta el cielo y acusa?
7. Me respondió diciendo: ese es el espíritu de Abel, quien fue asesinado por su hermano Caín; y le acusará hasta que su descendencia sea eliminada de la faz de la Tierra;
8. hasta que su progenie desaparezca de entre la descendencia de los hombres.
9. Por eso, en ese momento pregunté acerca de él y del juicio general: ¿por qué están separados el uno del otro? Me respondió: se han hecho tres separaciones entre los espíritus de los muertos, y del mismo modo han sido separados los espíritus de los justos.
10. Concretamente, por una sima, por el agua y por la luz que lo ilumina.
11. Y de igual manera los pecadores son apartados cuando mueren y sepultados bajo tierra; el juicio no les sorprenderá durante su vida.
12. Aquí sus almas son separadas. Y aún más: profundo es su sufrimiento hasta el día del gran juicio, en castigos y tormentos, de aquellos que han execrado perpetuamente, cuyas almas son castigadas y encadenadas aquí para siempre.
13. Y así ha sido desde el principio del mundo. Desde entonces ha existido una división entre las almas de aquellos que se quejan y las de aquellos que traman su destrucción, para matarlos en los días de los pecadores.

14. Un receptáculo de este tipo ha sido creado para las almas de los hombres injustos y para los pecadores, para aquellos que han cometido delitos y se han juntado con los impíos, a quienes se parecen. Sus almas no serán aniquiladas el día del juicio ni se levantarán de aquí. En ese instante bendije a Dios,
15. y dije: bendito sea mi Señor, Señor de la gloria y de la justicia, quien reina sobre todo por toda la eternidad.

Capítulo 23

1. Desde allí fui a otro lugar, hacia el oeste, hasta los confines de la Tierra.
2. Ahí contemplé un fuego abrasador que avanzaba sin cesar, sin interrumpir su curso ni de día ni de noche, permaneciendo siempre igual.
3. Pregunté diciendo: ¿qué es eso que nunca cesa?
4. Entonces Raguel, uno de los santos ángeles que estaba conmigo, me respondió,
5. diciendo: este fuego abrasador es el que has visto avanzar hacia el oeste, el de todas las luminarias del cielo.

Capítulo 24

1. Fui desde allí a otro lugar y vi una montaña de fuego que ardía día y noche. Me acerqué a ella y atisbé siete espléndidas montañas, diferentes una de otra.
2. Sus piedras eran brillantes y hermosas, todas eran deslumbrantes y un gozo para la vista; su superficie era preciosa. Por el este había tres montañas, [y] fortalecidas al estar [situadas] la una contra la otra; y había tres más hacia el sur, reforzadas de igual manera. También había profundos valles, que no se

alcanzaban el uno al otro. La séptima montaña estaba en medio de ellas. Por su longitud, todas parecían el asiento de un trono y estaban rodeadas por olorosos árboles.

3. Entre ellos había uno de intenso olor; ninguno de los que había en el Edén era tan aromático como este. Sus hojas, sus flores y su corteza jamás se secaban y su fruto era magnífico.
4. Este se parecía a los racimos de la palmera. Exclamé: ¡Mirad qué maravilloso aspecto tiene ese árbol, qué bellas son sus hojas y qué placentero a la vista es su fruto! Entonces Miguel, uno de los santos y gloriosos ángeles que estaba conmigo, y el que los dirigía, me respondió,
5. diciéndome: Enoc, ¿por qué me preguntas sobre el olor de ese árbol?
6. ¿Por qué tienes tanta curiosidad por saberlo?
7. Entonces yo, Enoc, le respondí: Estoy deseoso por ser instruido en todo, pero sobre todo en lo que concierne a ese árbol.
8. A lo que él respondió diciendo: esa montaña que contemplaste, cuya cima parece el trono del Señor, será donde se sentará el santo y gran Señor de la gloria, el Rey eterno, cuando descienda y visite la Tierra con bondad.
9. Y ese árbol de agradable olor, no el de olor carnal, no está permitido tocarlo hasta el día del gran juicio. Cuando llegue el castigo y todo sea arrasado para siempre, ese árbol será entregado a los justos y a los humildes. Su fruto se dará a los elegidos. Por ello, será plantado hacia el norte, en el santo lugar, hacia la morada del Rey eterno.
10. Entonces [los elegidos] se regocijarán y se alegrarán con el Santo. El dulce olor del árbol penetrará en sus huesos; y

vivirán una larga vida en la Tierra, tal y como vivieron tus antepasados; y entonces no estarán aquejados de tristeza, de angustia, de problemas o de penas.

11. Y bendije al Señor de la gloria, el Rey eterno, porque Él ha preparado este árbol para los santos, lo ha formado y ha declarado que se lo daría.

Capítulo 25

1. Desde allí me dirigí al centro de la Tierra y contemplé un alegre y fértil lugar, en el que había ramas que brotaban continuamente de los árboles que había allí plantados. También divisé una santa montaña y, bajo esta, agua en el lado este que corría hacia el sur. Por el este vi asimismo otra montaña tan alta como la primera y, entre ellas, había profundos, aunque no anchos, valles.

2. El agua corría hacia la montaña, hacia el oeste; y debajo se erigía igualmente otra montaña.

3. Debajo de esta había un valle, aunque no era profundo; y, entre ellas, en un extremo de las tres montañas, había otros valles profundos y secos. Todos estos valles, profundos y estrechos, eran de roca dura, con un árbol plantado en ellos. Y contemplé la roca y los valles, quedándome sumamente sorprendido.

Capítulo 26

1. Entonces dije: ¿Qué sentido tiene esta tierra bendita, todos estos majestuosos árboles y este maldito valle entre ellos?

2. Entonces Uriel, uno de los santos ángeles que estaba conmigo, replicó: este valle es la maldición eterna de los malditos.

Aquí serán reunidos todos aquellos que por su boca profieran un lenguaje impropio contra el Señor, y pronuncien insolencias sobre Su gloria. Aquí se les reunirá. Este será su territorio.

3. En los días postreros, se hará de ellos un ejemplo de juicio sobre justicia, ante los santos, mientras que aquellos que hayan obtenido misericordia loarán por toda la eternidad a Dios, el Rey eterno.

4. Y en el momento del juicio, le bendecirán por su misericordia, pues Él la ha repartido entre ellos. Entonces bendije a Dios, dirigiéndome a Él, y mencioné Su grandeza, como era oportuno.

Capítulo 27

1. Desde allí continué hacia el este, hasta el centro de una montaña en pleno desierto, de la que solo podía percibir la superficie.
2. Estaba llena de árboles de esa semilla citada; y el agua manaba hacia ella.
3. Ahí apareció una catarata que parecía estar formada por muchas otras, hacia el oeste y hacia el este. A un lado había árboles; al otro, agua y rocío.

Capítulo 28

1. Entonces me dirigí hacia otro lugar del desierto, hacia el este de esa montaña, a la cual ya me había acercado.
2. Allí contemplé árboles selectos, concretamente aquellos que desprenden el fragante olor de las drogas, incienso y mirra; y árboles distintos los unos de los otros.
3. Y por encima de ellos se elevaba la montaña del este a escasa distancia.

Capítulo 29

1. Asimismo vi otro lugar con valles de agua que nunca se agotaba.
2. donde observé un hermoso árbol, cuyo olor recordaba a Zasakinón³.
3. Y hacia los lados de esos valles, percibí el olor dulce de la canela. Avancé hacia ellos, en dirección al este.

Capítulo 30

1. Entonces contemplé otra montaña con árboles, por la cual corría el agua como Neketro⁴. Su nombre era Sarira y Kalboneba. Y sobre esta montaña vi otra sobre la que había árboles de Alva⁵.
2. Esos árboles estaban llenos, como almendros, y eran robustos; y cuando producían frutos, [su fragancia] superaba todos los perfumes.

Capítulo 31

1. Después de todo ello, cuando examiné las entradas del norte, sobre las montañas, divisé siete montañas repletas de nardo puro, de olorosos árboles, de canela y de papiro.
2. Desde allí franqueé las cumbres de esas montañas, a lo lejos hacia oriente, y crucé el mar eritreo⁶. Y cuando ya me había alejado de él, pasé por encima del ángel Zotiel, y llegué al jardín de la justicia. Allí, entre otros árboles, contemplé algunos que eran abundantes y grandes, y que allí habían crecido bien.

---

3. Zasakinón es el árbol del lentisco.
4. Néctar
5. Aloe vera
6. Mar Rojo

3. Su fragancia era agradable y fuerte, y de apariencia, eran variados y elegantes. Él árbol de la sabiduría también se encontraba allí; aquel que dota de una gran sabiduría a todo el que come de él.
4. Era parecido al árbol del tamarindo, cuyo fruto se asemeja a una uva exquisita; y su fragancia podía captarse desde la lejanía. Y yo exclamé: ¡Qué hermoso es este árbol y qué agradable aspecto tiene!
5. Entonces, el santo Rafael, un ángel que estaba conmigo, me respondió y me dijo: es el árbol de la sabiduría, del cual comieron tu anciano padre y tu anciana madre, quienes te precedieron; y quienes, habiendo obtenido la sabiduría, habiendo sido abiertos sus ojos y sabiendo que estaban desnudos, fueron expulsados del jardín.

Capítulo 32

1. Desde allí, avancé hasta los confines de la Tierra, donde vi grandes bestias, diferentes las unas de las otras, y pájaros de semblantes y formas muy distintos, así como con muy diversos trinos.
2. Al este de esas bestias, percibí los extremos de la Tierra, donde termina el cielo. Las puertas del cielo permanecían abiertas, y pude ver cómo nacen las estrellas celestiales. Las conté tan pronto como cruzaban la puerta, y las anoté todas conforme iban saliendo, según su numeración. Escribí sus nombres, sus tiempos y sus estaciones, a medida que Uriel, que estaba conmigo, me las señalaba.
3. Me las enseñó todas y escribió una explicación sobre ellas.
4. También me anotó sus nombres, sus leyes y su funcionamiento.

Capítulo 33

1. Desde allí proseguí hacia el norte, hacia los confines de la Tierra.
2. Y allí, en los confines de toda la Tierra, vi un gran y glorioso prodigio.
3. Contemplé las puertas celestiales que se abrían al cielo; tres de ellas claramente separadas. Los vientos del norte proceden de ellas, y soplan frío, granizo, escarcha, nieve, rocío y lluvia.
4. Por una de las puertas soplan gentilmente; pero cuando soplan por las otras dos puertas, lo hacen con fuerza y violencia. Soplan sobre la tierra con fuerza.

Capítulo 34

1. Desde allí, continué hacia los confines de la Tierra, al oeste;
2. donde vi tres puertas abiertas, tal y como había visto en el norte; siendo las puertas y los pasillos que las traspasaban de igual magnitud.

Capítulo 35

1. Entonces proseguí hacia los confines de la Tierra, al sur; donde vi tres puertas abiertas hacia el sur, de las que manaban el rocío, la lluvia y el viento.
2. Desde allí, fui hacia los límites del cielo, al este; donde vi tres puertas celestiales, abiertas hacia el este, con pequeñas puertas en su interior. Las estrellas del cielo pasan por cada una de esas pequeñas puertas, en dirección al oeste, y continúan por un camino descubierto por ellas. Cada vez que aparecen recorren este camino.

3. Cuando las contemplé, bendije. Cada vez que aparecían, bendije al Señor de la gloria, quien hizo estos grandes y magníficos símbolos, los cuales permitirán demostrar la magnificencia de su obra a los ángeles y a las almas de los hombres. Y así estos podrán glorificar todas sus obras y creaciones; podrán contemplar los efectos de su poder; podrán glorificar el gran trabajo de sus manos y, así, bendecirle eternamente.

[**No consta el Capítulo 36**]

Libro de las parábolas

Capítulo 37

1. La visión que tuvo, la segunda visión de sabiduría, que tuvo Enoc, hijo de Jared, hijo de Mahalalel, hijo de Quenán, hijo de Enós, hijo de Set, hijo de Adán. Aquí empieza la palabra de sabiduría que recibí para proclamarla y explicarla a los que habitan sobre la Tierra. Escuchad desde el principio y comprended hasta el final, las cosas sagradas que expreso en presencia del Señor de los Espíritus. Antes que nosotros ya hubo quienes consideraron correcto decirlas;
2. y no nos permitáis, a los que venimos después, interrumpir los principios de la sabiduría. Hasta ahora, lo que he recibido no se había dado ante el Señor de los Espíritus, una sabiduría de acuerdo con mi capacidad de inteligencia y según la voluntad del Señor de los Espíritus; lo que yo he recibido de él, una parte de vida eterna.
3. Y obtuve tres parábolas, las cuales anuncié a los habitantes del mundo.

Capítulo 38

1. Primera parábola. Cuando la congregación de los justos aparezca y los pecadores sean juzgados por sus delitos, y se aflijan a la vista del mundo;

2. cuando la justicia se manifieste ante los propios justos, quienes serán elegidos por sus buenas obras debidamente sopesadas por el Señor de los Espíritus; y cuando la luz de los justos y los elegidos, que habitan sobre la Tierra, aparezca, ¿dónde habitarán los pecadores?, ¿dónde estará el lugar de reposo de los que han renegado del Señor de los Espíritus? Habría sido mejor para ellos no haber nacido.

3. Asimismo, cuando los secretos de los justos sean revelados, los pecadores serán juzgados; y los impíos se afligirán en presencia de los justos y de los elegidos.

4. A partir de ese momento, los que poseen la Tierra dejarán de ser poderosos y eminentes. Tampoco serán capaces de contemplar el rostro de los santos, ya que el Señor de los Espíritus ha visto la luz de los rostros de los santos, los justos y los elegidos.

5. Pero los poderosos reyes de ese periodo todavía no habrán perecido, sino que habrán sido entregados a manos de los justos y de los santos.

6. A partir de ese momento, tampoco nadie podrá obtener la conmiseración del Señor de los Espíritus, porque sus vidas en este mundo habrán sido consumadas.

Capítulo 39

1. En esos días, los elegidos y la raza santa descenderán desde los altos cielos y su progenie estará con los hijos de los hombres. Enoc recibió libros de indignación y cólera, así como libros de prisa y agitación.

2. Ellos jamás obtendrán misericordia, dijo el Señor de los Espíritus.

3. Entonces una nube me agarró y el viento me elevó por encima de la superficie de la Tierra, dejándome en la extremidad de los cielos.

4. Y allí tuve otra visión; vi las moradas y los lechos de los santos. Allí mis ojos contemplaron sus moradas con sus correspondientes ángeles y lechos con los santos. Ellos estaban rogando, suplicando y orando por los hijos de los hombres, mientras la justicia manaba como agua ante ellos y la misericordia cual rocío se esparcía sobre la Tierra. Y así les sucederá por los siglos de los siglos.
5. En ese momento, mis ojos observaron la morada de los elegidos, de verdad, de fe y de justicia.
6. Incontable será el número de santos y de elegidos, en presencia de Dios, por los siglos de los siglos.
7. Contemplé su residencia bajo las alas del Señor de los espíritus; todos los santos y los elegidos cantaron ante Él, con apariencia de resplandor de fuego; sus bocas rebosaban bendiciones y sus labios glorificaban el nombre del Señor de los Espíritus. Asimismo, la justicia moraba incesantemente ante Él.
8. Allí estaba yo, deseoso por quedarme y mi alma anhelaba esa morada. Ahí se hallaba mi herencia; pues he prevalecido ante el Señor de los Espíritus.
9. En esos días, glorifiqué y ensalcé el nombre del Señor de los Espíritus con bendición y alabanza, porque así lo ha establecido, con bendición y alabanza, de acuerdo con su buena voluntad.
10. Mis ojos contemplaron largamente ese lugar. Bendije y exclamé: Bendito es y bendito sea desde el principio hasta la eternidad. En el origen, antes de que el mundo fuese creado, su conocimiento ya era infinito.
11. ¿Qué es este mundo? De cada generación existente, deberán bendecirte los que no duermen en el polvo, pero permanecen

ante tu gloria; bendiciendo, glorificando, exaltando y diciendo: el santo, santo, Señor de los Espíritus, llena toda la Tierra de espíritus.

12. Allí mis ojos contemplaron a todos los que, sin dormir, se postran ante él y le bendicen así: Bendito seas y bendito sea el nombre del Señor por los siglos de los siglos. Entonces mi rostro se transformó, hasta que me fue imposible ver.

Capítulo 40

1. Tras eso, vislumbré miles y miles, y miríadas de miríadas, y un infinito número de personas ante el Señor de los Espíritus.
2. En las cuatro alas del Señor de los Espíritus, a los cuatro lados, observé otros tantos, al lado de aquellos que estaban ante él. También conozco sus nombres, porque el ángel que caminaba conmigo me los reveló, revelándome cada cosa secreta.
3. Luego oí las voces de aquellos que estaban a los cuatro lados, magnificando al Señor de la Gloria.
4. La primera voz bendijo al Señor de los Espíritus por los siglos de los siglos.
5. Escuché la segunda voz que bendecía al Elegido, y a los elegidos que padecen a causa del Señor de los Espíritus.
6. La tercera voz que oí pedía y rogaba por aquellos que habitan sobre la Tierra y suplicaba el nombre del Señor de los Espíritus.
7. La cuarta voz que oí expulsaba a los ángeles impíos, y les prohibía entrar en la presencia del Señor de los Espíritus, por proferir acusaciones contra los habitantes de la Tierra.
8. Después de eso supliqué al ángel de la paz, que andaba conmigo, que me explicase todo aquello que estaba oculto. Le dije: ¿quiénes son aquellos a quienes he visto a los cuatro

lados y cuyas palabras he oído y transcrito? Me contestó: el primero es el misericordioso, paciente y santo Miguel.

9. El segundo es el que está a la cabeza de cada enfermedad y cada desgracia de los hijos de los hombres; el santo Rafael. El tercero, que gobierna sobre todo lo que es poderoso, es Gabriel. Y el cuarto, quien gobierna sobre el arrepentimiento y la esperanza de aquellos que heredarán la vida eterna, es Fanuel. Estos son los cuatro ángeles del Altísimo Dios y suyas, las cuatro voces que yo escuché en aquel entonces.

Capítulo 41

1. Tras esto contemplé los secretos de los cielos y del paraíso, según sus divisiones; y la acción humana, que ellos sopesan con balanzas. Vi las moradas de los elegidos y las de los santos. Y allí mis ojos vieron a todos los pecadores, aquellos que renegaron del Señor de la Gloria y a quienes ellos expulsaban de este lugar y arrastraban, mientras seguían allí; ningún castigo sobre ellos procedía del Señor de los Espíritus.

2. Allí mis ojos descubrieron los secretos del rayo y del trueno; y los secretos de los vientos, cómo están distribuidos cuando soplan sobre la tierra: los secretos de los vientos, del rocío y de las nubes. Allí observé el lugar de donde emergieron y se saturaron con el polvo de la tierra.

3. En aquel lugar vi los recipientes de madera desde cuyo interior se separaban ya los vientos; el receptáculo del granizo, el depósito de la nieve, el recipiente de las nubes y la propia nube, aquella que continúa sobre la Tierra desde la creación del mundo.

4. Divisé los recipientes de la Luna, de dónde salen las lunas y a dónde van, su glorioso regreso, y cómo una se volvió más

bella que la otra. Anoté su magnífico progreso, su inmutable trayectoria, su desunida trayectoria sin menoscabo; su cumplimiento de una fidelidad mutua por un solemne juramento; su avance hacia el Sol y su adhesión al camino que les ha sido asignado, en obediencia a las órdenes del Señor de los Espíritus. Poderoso será su nombre por los siglos de los siglos.

5. Después de esto vi que el camino oculto y visible de la Luna, así como la trayectoria de su camino, allí se completaba durante el día y durante la noche; mientras tanto, cada uno, con el otro, miraba hacia el Señor de los Espíritus, magnificando y elogiando sin cesar, puesto que para ellos las alabanzas son un descanso; ya que en el espléndido sol hay una frecuente conversión por bendecir y por maldecir.

6. El recorrido de la Luna es luz para los justos, pero tinieblas para los pecadores; en nombre del Señor de los Espíritus, que creó una división entre la luz y la oscuridad y, al separar los espíritus de los hombres, fortaleció los espíritus de los justos en nombre de su propia justicia.

7. Porque el ángel no puede impedir esto, ni está dotado del poder para prevenirlo, ya que el Juez los contempla [a todos] y los juzga a todos en su propia presencia.

Capítulo 42

1. La sabiduría no encontró un solo lugar en la Tierra donde pudiera habitar; por ello, su hogar está en los cielos.
2. La sabiduría partió para habitar entre los hijos de los hombres, pero no obtuvo hogar alguno. La sabiduría regresó a su lugar y se sentó entre los ángeles. Pero la iniquidad salió tras su regreso, quien sin querer encontró una morada, y moró

entre ellos, como la lluvia en el desierto y como el rocío en una tierra sedienta.

Capítulo 43

1. Divisé otro esplendor y las estrellas del cielo. Observé que él las llamaba a todas por sus respectivos nombres y que ellas los escuchaban. En un equilibrio justo, vi que él sopesaba según la luz de las estrellas, la anchura de sus espacios y el día de su aparición y su conversión. El esplendor produjo esplendor; y su conversión fue [a sumarse] al número de los ángeles y de los fieles.

2. A continuación, pregunté al ángel que me acompañaba y me contó algunos secretos: ¿cuáles eran sus nombres? Me contestó: el Señor de los Espíritus te ha mostrado una parábola de ellos. Son los nombres de los justos que habitan sobre la Tierra y quienes creen en el nombre del Señor de los Espíritus por los siglos de los siglos.

Capítulo 44

También vi otra cosa en cuanto al esplendor: que surge de las estrellas y se convierte en esplendor, incapaz de abandonarlas.

Capítulo 45

1. He aquí la segunda parábola sobre los que reniegan del nombre de la morada de los santos, así como del Señor de los Espíritus.

2. Ellos no ascenderán al cielo ni alcanzarán la tierra. Ese será el destino de los pecadores que han renegado del nombre del Señor de los Espíritus y que, por tanto, están reservados para el día del castigo y de la aflicción.

3. En ese día, el Elegido se sentará en un trono de gloria y escogerá las condiciones de aquellos y sus innumerables lugares de reposo (mientras sus espíritus serán reafirmados en ellos, tan pronto como ellos vean a mi Elegido), los escogerá para aquéllos que corrieron a protegerse en mi santo y glorioso nombre.
4. En ese día, yo haré que mi Elegido habite entre ellos, transformaré el rostro del cielo, lo bendeciré y lo iluminaré eternamente.
5. También transformaré la faz de la Tierra, la bendeciré y haré que aquellos a los que yo he elegido habiten sobre ella. Pero los que hayan cometido algún pecado o iniquidad no la habitarán, puesto que yo he establecido su juicio. A mis justos yo los compensaré con la paz, colocándolos ante mí; pero la condena de los pecadores se acercará, para que yo pueda destruirlos de la faz de la Tierra.

Capítulo 46

1. Allí contemplé al Anciano de días, cuya cabeza era como la blanca lana; y, con él, otro, cuyo semblante recordaba al de un hombre. Su rostro estaba lleno de gracia, como la de uno de los santos ángeles. Después pregunté a uno de los ángeles que iba conmigo y que me mostró todos los secretos, respecto a este Hijo del hombre, quién era él, de dónde venía y por qué acompañaba al Anciano de días.
2. Me respondió diciéndome: este es el Hijo del hombre, a quien pertenece la justicia, con quien habita la justicia y quien revelará todos los tesoros de lo que está oculto, porque el Señor de los Espíritus lo ha escogido y su parte ha superado todo en rectitud eterna ante el Señor de los Espíritus.

3. Este Hijo del hombre, a quien ya has visto, alzará a los reyes y a los poderosos de sus lechos, y a los potentados de sus tronos; y aflojará las bridas de los poderosos y romperá en pedazos los dientes de los pecadores.
4. Derrocará a los reyes de su trono y de sus dominios, porque ellos no le exaltarán ni le glorificarán ni se humillarán ante él, el cual les concedió sus reinos. De igual modo, la faz de los fuertes Él echará por tierra, llenándolos de confusión. Las tinieblas serán el hogar de ellos y los gusanos su lecho; y de su lecho no albergarán esperanzas de levantarse de nuevo, pues no exaltaron el nombre del Señor de los Espíritus.
5. Estos condenarán las estrellas del cielo, levantarán sus manos contra el Altísimo, caminarán sobre la tierra y habitarán en ella, mostrando todas sus obras de injusticia, incluso sus obras perversas. Su poder residirá en su riqueza, y su fe en los dioses que han creado con sus propias manos. Ellos negarán del nombre del Señor de los Espíritus y lo expulsarán de los templos en los que se reúnen;
6. y con Él a los fieles, que sufren en nombre del Señor de los Espíritus.

Capítulo 47

1. En ese día, la oración de los santos y los justos, y la sangre de los justos, subirán desde la tierra hasta la presencia del Señor de los Espíritus.
2. Ese día se reunirán los santos, quienes habitan en lo alto de los cielos, y con voz unida pedirán, suplicarán, alabarán y bendecirán el nombre del Señor de los Espíritus, debido a la sangre de los justos que ha sido derramada; que la oración de los justos no sea interrumpida ante el Señor de los Espíri-

tus, que por ellos ejecutará la sentencia, y que su paciencia no puede perdurar por siempre.

3. En ese tiempo, vi al Anciano de días, mientras estaba sentado en el trono de su gloria, mientras el libro de los vivos estaba abierto ante Él y mientras todos los poderes sobre los cielos permanecían ante él y a su alrededor.

4. Luego estaban los corazones de los santos llenos de alegría, porque la consumación de los justos había llegado, la súplica de los santos había sido oída y la sangre de los justos, valorada por el Señor de los Espíritus.

Capítulo 48

1. En ese lugar divisé una fuente de justicia, inagotable y rodeada por muchos manantiales de sabiduría. Todos los sedientos bebían de ellos, de modo que se colmaban de sabiduría y moraban con los justos, los elegidos y los santos.

2. En esa hora fue invocado el Hijo del hombre ante el Señor de los Espíritus, y su nombre, en presencia del Anciano de días.

3. Antes de que el Sol y los signos fuesen creados, antes de que se formasen las estrellas del cielo, su nombre fue invocado ante el Señor de los Espíritus. Los justos y los santos podrán apoyarse en Él, sin caerse; y será la luz de las naciones.

4. Será la esperanza de aquellos cuyos corazones están atormentados. Todos aquellos que habitan en la Tierra se postrarán ante él y lo adorarán; lo bendecirán y lo glorificarán y cantarán alabanzas al nombre del Señor de los Espíritus.

5. Por tanto, el Elegido y Oculto existió en su presencia, antes de que el mundo fuese creado y para siempre.

6. Existió en su presencia y ha revelado a los santos y a los justos la sabiduría del Señor de los Espíritus, porque ha protegido a todos los justos, ya que ellos han odiado y despreciado este mundo de injusticia y han detestado todas las obras y actos de este, en nombre del Señor de los Espíritus.
7. Así, ellos serán protegidos en su nombre y su voluntad será la vida de ellos. En esos días, los reyes de la Tierra y los poderosos, quienes han conquistado el mundo gracias a sus logros, se volverán humildes.
8. Porque, en el día de su angustia y de su aflicción, sus almas no se salvarán. Y estarán en manos de los que yo he elegido.
9. Los arrojaré al fuego como la paja y al agua como el plomo. Por tanto, arderán en presencia de los justos y se hundirán en presencia de los santos; no se hallará ni una décima parte de ellos.
10. Pero el día de su aflicción, la Tierra hallará tranquilidad.
11. En su presencia ellos caerán y no podrán volver a levantarse; no habrá nadie que pueda arrancarles de sus manos ni levantarlos, puesto que han renegado del Señor de los Espíritus y de su Mesías. Bendito será el nombre del Señor de los Espíritus.

Capítulo 48A

1. La sabiduría mana como agua y la gloria no falla ante él, por los siglos de los siglos, ya que él es poderoso en todos los secretos de justicia.
2. Pero la iniquidad desaparece como una sombra y no posee un lugar fijo, porque el Elegido permanece ante el Señor de los Espíritus y su gloria es por los siglos de los siglos y su poder, generación tras generación.

3. Con él habita el espíritu de la sabiduría intelectual, el espíritu de la instrucción y del poder, y el espíritu de aquellos que duermen en la justicia; él juzgará las cosas secretas.
4. Tampoco nadie será capaz de pronunciar palabra alguna ante él, puesto que el Elegido está en presencia del Señor de los Espíritus, según su voluntad.

Capítulo 49

1. En esos días los santos y los elegidos sufrirán un cambio: la luz del día se posará sobre ellos y el esplendor y la gloria de los santos se verá modificada.
2. En el día de la aflicción, el mal se amontonará sobre los pecadores, pero los justos triunfarán en el nombre del Señor de los Espíritus.
3. A otros se les hará ver, para que se arrepientan y renuncien a la obra de sus manos. Y la gloria les espera no ante el Señor de los Espíritus, sino para que sean salvados por su nombre. El Señor de los Espíritus tendrá piedad de ellos, pues su misericordia es inmensa y la justicia está en su juicio y en presencia de su gloria; la injusticia no estará en su juicio. Todo aquel que no se arrepienta ante él perecerá.
4. De hoy en adelante no me apiadaré de ellos, dijo el Señor de los Espíritus.

Capítulo 50

1. En esos días, la Tierra liberará de sus entrañas y el infierno de las suyas, todo aquello que han recibido; y la destrucción devolverá todo aquello que debe.
2. Él escogerá a los justos y a los santos de entre ellos, porque el día de su salvación se acerca.

3. El Elegido, en esos días, se sentará en su trono, mientras todos los secretos de sabiduría intelectual salen de su boca, porque el Señor de los Espíritus le ha recompensado con ese don y glorificado.

4. En esos días, las montañas brincarán como carneros y las colinas saltarán como ovejas saciadas de leche; y todos los justos se convertirán en ángeles del cielo.

5. Su rostro brillará de alegría, porque en esos días el Elegido será ensalzado. La Tierra se regocijará, los justos la habitarán y los elegidos la poseerán.

Capítulo 51

1. Tras ese periodo, en el lugar donde yo había contemplado todas las visiones secretas, me agarró un torbellino de viento y me llevó hacia el oeste.

2. Allí, mis ojos contemplaron los secretos del cielo y todo lo que existía en la tierra: una montaña de hierro, una montaña de cobre, una montaña de plata, una montaña de oro, una montaña de un metal fluido y una montaña de plomo.

3. E interrogué al ángel que iba conmigo, diciéndole: ¿Qué son esas cosas que he contemplado en secreto?

4. Él respondió: Todas esas cosas que has visto estarán bajo el dominio del Mesías, para que pueda dirigir y ser poderoso en la Tierra.

5. Y ese ángel de paz me respondió así: Espera un poco y comprenderás, y te serán reveladas todas las cosas secretas, que el Señor de los Espíritus ha decretado. Esas montañas que tú has divisado —la montaña de hierro, la de cobre, la de plata, la de oro, la de metal fluido y la de plomo—, serán ante el

Elegido como un panal ante el fuego y como el agua que desciende de lo alto sobre esas montañas, y se ablandarán ante sus pies.

6. En esos días los hombres no serán salvados ni por el oro ni por la plata.
7. Ni lo tendrán bajo su poder para protegerse y volar.
8. Tampoco habrá hierro para la guerra ni cota de malla para [protegerse] el pecho.
9. El bronce será inútil; inútil incluso aquel que ni se oxida ni se gasta; y el plomo no será codiciado.
10. Todas esas cosas serán rechazadas, y perecerán de la Tierra, cuando el Elegido aparezca ante la presencia del Señor de los Espíritus.

Capítulo 52

1. Allí mis ojos divisaron un valle profundo con ancha entrada.
2. Todos los que habitan en la tierra, en el mar y en las islas le llevarán obsequios, regalos y ofrendas, pero ese profundo valle no estará lleno. Sus manos cometerán injusticias. Cualquier cosa que produzcan con su esfuerzo, los pecadores lo devorarán con violencia. Pero ellos perecerán del rostro del Señor de los Espíritus y de la faz de su tierra. Se levantarán y no caerán por los siglos de los siglos.
3. Contemplé los ángeles del castigo que moraban ahí y estaban preparando cada uno de los instrumentos de Satanás.
4. Entonces inquirí al ángel de la paz, que andaba conmigo, para quién estaban preparando esos instrumentos.
5. A lo que él contestó: Lo están preparando para los reyes y los más poderosos de la Tierra, de tal modo que estos perezcan.

6. Tras lo cual, el justo y elegido hogar de su congregación aparecerá, a partir de entonces inmutable, en el nombre del Señor de los Espíritus.

7. Esas montañas tampoco existirán en su presencia, como la tierra y las colinas, como las fuentes de agua existen. Y los justos recibirán alivio de la vejación de los pecadores.

Capítulo 53

1. Entonces, miré y me volteé hacia otra parte de la Tierra, donde vi un profundo valle en llamas.
2. A este valle ellos trajeron a monarcas y a los poderosos.
3. Y allí mis ojos observaron los instrumentos que estaban fabricando, grilletes de hierro de peso inconmensurable.
4. Y pregunté al ángel de paz que me acompañaba, diciéndole: ¿Para quién se preparan estas cadenas e instrumentos?
5. A lo que me contestó: Se preparan para las huestes de Azazel, para que sean entregados y sentenciados con la más baja condena; y para que sus ángeles sean lapidados tal y como ha ordenado el Señor de los Espíritus.
6. Miguel y Gabriel, Rafael y Fanuel serán fortalecidos en ese día y los arrojarán a un horno de fuego abrasador, de modo que el Señor de los Espíritus se vengará de ellos por todos sus delitos; porque ellos se convirtieron en pastores de Satanás y sedujeron a aquellos que moraban en la Tierra.
7. En esos días llegará el castigo del Señor de los Espíritus y los depósitos de agua que están sobre los cielos se abrirán, así como las fuentes que están bajo los cielos y bajo la tierra.
8. Todas las aguas, que están en los cielos y sobre ellos, se mezclarán.
9. El agua que está sobre el cielo será el agente.

10. Y el agua que está bajo la tierra será el recipiente: y todos los que habitan sobre la tierra serán destruidos, así como los que moran bajo los confines del cielo.
11. De tal modo que, comprenderán la injusticia que han cometido en la Tierra; y de ese modo perecerán.

Capítulo 54

1. Más tarde, el Anciano de días se arrepintió y dijo: En vano he destruido a todos los habitantes de la Tierra.
2. Y juró por su gran nombre, diciendo: De ahora en adelante no volveré a actuar de esta forma con los que habitan sobre la tierra,
3. sino que colocaré una señal en los cielos y será un fiel testigo entre yo y ellos para siempre, y durante tanto tiempo como los días del cielo y la tierra duren sobre la Tierra.
4. Más tarde, he aquí lo que sucederá según estas mis órdenes: cuando yo esté dispuesto a apoderarme de ellos de antemano, por mediación de los ángeles, en el día de la tribulación y el sufrimiento, mi ira y mi castigo caerán sobre ellos; mi ira y mi castigo, dijo Dios el Señor de los Espíritus.
5. ¡Oh Reyes, oh poderosos, que habitáis el mundo, vosotros veréis a mi Elegido sentado sobre el trono de mi gloria! Y él juzgará a Azazel, a todos sus cómplices y a todas sus huestes, en el nombre del Señor de los Espíritus.
6. Allí también divisé las huestes de ángeles que avanzaban hacia el castigo, aprisionadas en una red de hierro y bronce. Entonces interrogué al ángel de paz que iba conmigo: ¿Hacia quiénes se dirigían aquellos que estaban aprisionados?

7. Me contestó: Hacia cada uno de sus elegidos y sus bienamados, para que estos puedan ser arrojados a las fuentes y a profundidades más recónditas del valle.
8. Y ese valle se llenará con sus elegidos y bienamados; los días de su vida serán consumidos, pero los días de sus errores serán incontables.
9. Entonces los príncipes se asociarán y conspirarán juntos. Los jefes del este, de entre los partos y los medos, destronarán a los reyes, a quienes invadirá un espíritu de inquietud. Los derrocarán de sus tronos, como leones saltando de sus guaridas o como lobos hambrientos en medio de un rebaño.
10. Subirán y andarán por la tierra de sus elegidos. La tierra de sus elegidos aparecerá ante ellos. La era, el sendero y la ciudad de mi justo pueblo obstaculizarán el avance de sus caballos. Ellos se levantarán para destruirse; su mano derecha será fortalecida; no habrá hombre capaz de reconocer a su amigo o su hermano;
11. ni el hijo a su padre ni a su madre, hasta que el número de cadáveres sea completo, por su muerte y castigo. Nada de eso será en vano.
12. En esos días, la boca del infierno se abrirá y en ella se sumergirán; el infierno destruirá y se tragará a los pecadores de la faz de los elegidos.

Capítulo 55

1. Tras eso, divisé otro ejército de carros, sobre los que había hombres montados.
2. Y ellos se toparon con los vientos del este, del oeste y del sur.
3. Se oía el ruido de sus carros.

4. Y cuando se produjo este tumulto, los santos fuera del cielo lo percibieron; el pilar de la Tierra tembló desde su base; y el ruido se oyó desde las extremidades de la Tierra hasta las extremidades del cielo a la vez.
5. Después, todos cayeron y adoraron al Señor de los Espíritus.
6. Aquí finaliza la segunda parábola.

Capítulo 56

1. Y empecé a pronunciar la tercera parábola relativa a los santos y a los elegidos.
2. Bienaventurados sois vosotros, ¡oh santos y elegidos!, pues glorioso es vuestro destino.
3. Los santos existirán en la luz del sol y los elegidos, en la luz de una vida eterna, y los días de su vida nunca terminarán, ni los días de los santos serán numerados, quienes buscan la luz y encuentran la justicia junto al Señor de los Espíritus.
4. ¡Que la paz sea con los santos en nombre del Señor del Mundo!
5. De ahora en adelante se dirá a los santos que busquen en el cielo los secretos de la justicia, una parte de la fe; porque se ha alzado como el sol sobre la tierra, mientras la oscuridad ha desaparecido. Habrá luz inagotable: tampoco podrán entrar en la enumeración del tiempo, pues la oscuridad será destruida previamente y la luz aumentará ante el Señor de los Espíritus; ante el Señor de los Espíritus la luz de la rectitud aumentará para siempre.

Capítulo 57

1. En esos días mis ojos contemplaron los secretos de los rayos y de los esplendores, así como la sentencia que les pertenece.

2. Ellos relampaguean para una bendición y para una maldición, según la voluntad del Señor de los Espíritus.
3. Y allí vi los secretos del trueno, cuando retumba en lo alto del cielo y se oye su ruido.
4. También se me mostraron las moradas de la Tierra. El sonido del trueno se debe a la paz y a la bendición, así como a la maldición, de acuerdo a la palabra del Señor de los Espíritus.
5. Después de aquello, pude ver cada secreto de los esplendores y de los rayos. Relampaguean para la bendición y para la fertilidad.

Capítulo 58

1. En el año quinientos, en el séptimo mes, el decimocuarto día del mes de la vida de Enoc, en esta parábola, vi que el cielo de los cielos se estremecía; que se sacudía violentamente y que los poderes del Altísimo y los ángeles —miles y miles y miríadas de miradas—, fueron agitados con gran excitación. Y cuando miré, el Anciano de días estaba sentado sobre el trono de su gloria, mientras los ángeles y los santos permanecían a su alrededor. Un gran temblor me alcanzó y el terror se apoderó de mí. Mi espalda se encorvó y se aflojó; mis riñones se descompusieron y caí sobre mi cara. El santo Miguel, otro santo ángel, uno de los santos, fue mandado para levantarme.
2. Y cuando me levantó, mi espíritu regresó, pues yo era incapaz de soportar esas imágenes de violencia, ni su agitación ni la conmoción del cielo.
3. Entonces el santo Miguel me dijo: ¿Por qué te inquietan estas imágenes?

4. Hasta ahora ha existido el día de la misericordia y él ha sido misericordioso y paciente con todos los que habitan en la Tierra.
5. Pero cuando llegue el día, el poder, el castigo y el juicio tendrán lugar, aquel que el Señor de los Espíritus ha preparado para aquellos que se han postrado ante la sentencia de la justicia, para aquellos que reniegan de esa sentencia y para aquellos que toman el nombre de Él en vano.
6. Ese día ha sido preparado para los elegidos como un día de alianza y para los pecadores como un día de inquisición.
7. Ese día se distribuirán dos monstruos como alimento: un monstruo hembra, cuyo nombre es Leviatán, que habitará en las profundidades del mar, encima de los manantiales de las aguas;
8. y un monstruo macho, cuyo nombre es Behemoth, que posee, agitándose en su pecho, la naturaleza invisible.
9. Su nombre era Dondaín al este del jardín, donde habitarán los elegidos y los justos, donde lo recibió de mi antepasado, que era hombre, de Adán, el primero de los hombres, que hizo el Señor de los Espíritus.
10. Después le pedí a otro ángel que me enseñara el poder de esos monstruos, cómo fueron separados el mismo día, quedando uno en las profundidades del mar y el otro en el seco desierto.
11. Y me dijo: Tú, hijo del hombre, estás deseoso de comprender todas las cosas secretas.
12. Y el ángel de paz, que iba conmigo, explicó: Estos dos monstruos están por obra de Dios preparados para devenir alimento, de modo que el castigo de Dios no sea en vano.
13. Entonces los niños serán asesinados con sus madres y los hijos varones, con sus padres.

14. Y cuando el castigo del Señor de los Espíritus prosiga, sobre ellos continuará, para que el castigo del Señor de los Espíritus no tenga lugar en vano. Después de esto, el juicio existirá con misericordia y paciencia.

Capítulo 59

1. Luego, otro ángel que me acompañaba me habló;
2. y me enseñó el primer y último secreto, en lo alto del cielo y en la profundidad de la tierra:
3. en los confines del cielo y en su base, y en los receptáculos de los vientos.
4. Me mostró cómo sus espíritus fueron divididos, cómo fueron pesados y cómo tanto los manantiales como los vientos fueron contados según la fuerza de su espíritu.
5. Me mostró el poder de la luz de la Luna, que es justo, así como las divisiones de las estrellas, según sus respectivos nombres;
6. que toda división es dividida; que el rayo destella;
7. que sus tropas obedecen inmediatamente y que el cese tiene lugar durante el estruendo continuado del trueno. Ni el trueno ni el rayo están separados, ni ninguno de los dos se desplaza con un espíritu; aún no están separados.
8. Pues cuando el rayo relampaguea, el trueno retumba, y el espíritu se detiene en un momento concreto, produciendo una división idéntica entre ellos; porque el depósito, del cual dependen sus periodos de tiempo, es suelto como la arena. Cada uno de ellos, en una estación concreta, está sujeto por una brida; y es girado por la fuerza del espíritu, que así los impulsa según la espaciosa extensión de la tierra.
9. Asimismo el espíritu del mar es potente y vigoroso y, como un gran poder lo hace retroceder, de igual modo es alejado y

esparcido contra las montañas de la Tierra. El espíritu de la escarcha tiene su ángel; en el espíritu del granizo hay un buen ángel; el espíritu de la nieve cesa por su propia fuerza y habita en él un espíritu solitario, que asciende de él como el vapor y se denomina refrigeración.

10. También el espíritu de la niebla habita con ellos en su receptáculo, pero tiene un recipiente particular, porque su recorrido está en el esplendor,

11. en la luz y en la oscuridad, en invierno y en verano. Su recipiente es brillante y hay un ángel en él.

12. El espíritu del rocío tiene su morada en los confines del cielo, con relación a los recipientes de la lluvia; y su recorrido tiene lugar en invierno y en verano. La nube que produce y la nube de la niebla están unidas —una da a la otra—, y cuando el espíritu de la lluvia se activa en su recipiente, los ángeles se acercan y, abriendo su recipiente, lo hacen salir.

13. Y cuando la lluvia rocía toda la tierra, forma una unión entre cada clase de agua que hay en el suelo; pues las aguas permanecen en el suelo, porque nutren la tierra desde el Altísimo, que está en el cielo.

14. Por este motivo la cantidad de lluvia, que reciben los ángeles, está regulada.

15. Yo vi todas estas cosas; todas ellas, incluso el paraíso.

Capítulo 60

1. Durante esos días vi unas largas cuerdas dadas a esos ángeles, que ataron a sus alas y volaron, avanzando hacia el norte.

2. Y yo inquirí al ángel, diciéndole: ¿Por qué han cargado esas cuerdas y se han ido? Él me contestó: Se han marchado para medir.

3. El ángel que iba conmigo me dijo: Esas son las medidas de los justos y las cuerdas traerán a los justos, para que crean en el nombre del Señor de los Espíritus por los siglos de los siglos.
4. Los elegidos empezarán a habitar con los elegidos.
5. Y esas medidas son las que serán dadas a la fe y las que fortalecerán las palabras de la justicia.
6. Esas medidas revelarán todos los secretos de las profundidades de la tierra.
7. Y sucederá que los que han sido destruidos en el desierto y los que han sido devorados por los peces del mar y por las bestias salvajes, volverán y creerán en el día del Elegido, porque nadie perecerá ante el Señor de los Espíritus ni nadie será susceptible de perecer.
8. Entonces todos los que estaban arriba, en el cielo, recibieron la orden; se les dio la suma del poder, de la voz y del esplendor, como fuego.
9. Primero, con su voz, lo bendijeron y lo exaltaron, lo glorificaron con sabiduría y se la atribuyeron con la palabra y con el aliento de la vida.
10. Luego, el Señor de los Espíritus sentó en el trono de su gloria al Elegido;
11. el cual juzgará todas las obras de los santos, arriba en el cielo, y con una balanza pesará sus actos. Y cuando él levante su rostro para juzgar sus conductas secretas en la palabra del nombre del Señor de los Espíritus, y su trayectoria en el camino del juicio justo del Altísimo Dios,
12. ellos hablarán al unísono y bendecirán, glorificarán, exaltarán y alabarán en el nombre del Señor de los Espíritus.

13. Él clamará a todos los poderes del cielo, a todos los santos en las alturas y al poder de Dios. Los querubines, los serafines y los ofanines, todos los ángeles de poder y todos los ángeles de los Señores, esto es, del Elegido y del otro Poder, que estaba sobre la tierra y por encima del agua ese día,
14. alzarán su voz unida y bendecirán, glorificarán, alabarán y exaltarán con el espíritu de la fe, con el espíritu de la sabiduría y de la paciencia, con el espíritu de la misericordia, con el espíritu del juicio y de la paz y con el espíritu de la bondad; todos dirán con una sola voz: Bendito es Él y bendito sea el nombre del Señor de los Espíritus, por siempre jamás; todos los que no duermen lo bendecirán en lo alto del cielo.
15. Todos los santos que están en el cielo lo bendecirán; todos los elegidos que moran en el jardín de la vida, y todo espíritu de luz capaz de bendecir, glorificar, exaltar y alabar tu santo nombre; y todo hombre mortal, más que los poderes del cielo, glorificará y bendecirá tu nombre por los siglos de los siglos.
16. Porque inmensa es la misericordia del Señor de los Espíritus; es tardo en airarse; y todas sus obras, su poder, son tan grandes como las cosas que ha creado y ha revelado a los santos y a los elegidos, en el nombre del Señor de los Espíritus.

Capítulo 61

1. Así ordenó el Señor a los reyes, a los príncipes y a los glorificados y a los que habitan la Tierra, diciendo: Abrid los ojos y elevad vuestros cuernos si sois capaces de reconocer al Elegido.
2. Y el Señor de los Espíritus se sentó en el trono de su gloria.

3. El Espíritu de la justicia se derramó sobre Él.
4. La palabra de su boca destruirá a todos los pecadores y todos los impíos, quienes perecerán en su presencia.
5. En ese día, todos los reyes, los príncipes, los glorificados y aquellos que poseen la Tierra se levantarán, observarán y percibirán que está sentado en el trono de su gloria, que ante él los santos serán juzgados en justicia;
6. y que nada de aquello que sea dicho ante él será pronunciado en vano.
7. Las preocupaciones caerán sobre ellos, como en una mujer parturienta, cuyo parto es arduo, cuando su hijo asoma por la boca del útero y ella tiene dificultades para dar a luz.
8. Una parte de ellos mirará a la otra. Estarán estupefactos y se tornarán humildes;
9. y la angustia se apoderará de ellos cuando contemplen a este Hijo de mujer sentado sobre el trono de su gloria.
10. Entonces los reyes, los príncipes y aquellos que poseen la Tierra glorificarán al que reina sobre todas las cosas, el que estaba oculto; porque, si bien desde siempre ha existido en secreto, pues el Altísimo lo guardaba en presencia de su poder, luego fue revelado a los elegidos.
11. Él reunirá a la congregación de los santos y de los elegidos, y todos los elegidos estarán ante él ese día.
12. Todos los reyes, los príncipes, los glorificados y aquellos que gobiernan sobre la Tierra caerán sobre su rostro ante él y lo adorarán.
13. Y pondrán sus esperanzas en este Hijo del hombre, le rezarán y le pedirán misericordia.

14. Entonces el Señor de los Espíritus se apresurará para expulsarlos de su presencia. Sus rostros se llenarán de confusión y las tinieblas cubrirán sus caras. Los ángeles los conducirán al castigo, para que la venganza recaiga sobre quienes han oprimido a sus hijos y a sus elegidos. Y ellos devendrán un ejemplo para los santos y sus elegidos. A través de ellos serán felices, porque la cólera del Señor de los Espíritus pesará sobre ellos.
15. Más tarde la espada del Señor de los Espíritus se embriagará con su sangre, pero ese día los santos y los elegidos serán salvados y nunca más verán el rostro de los pecadores y de los impíos.
16. El Señor de los Espíritus permanecerá sobre ellos:
17. y ellos habitarán, comerán, se acostarán y se levantarán con este Hijo del hombre por los siglos de los siglos.
18. Los santos y los elegidos se han levantado de la tierra, han dejado de abatir su rostro y han sido vestidos con el traje de la vida. Estas prendas de la vida están con el Señor de los Espíritus, en cuya presencia vuestro vestido no envejecerá ni vuestra gloria disminuirá.

Capítulo 62

1. En esos días, los reyes que poseen la Tierra serán castigados por los ángeles de su ira, allá donde sea que les liberen, y así él les dará paz durante un tiempo; para que se postren y oren ante el Señor de los Espíritus y así confiesen sus pecados ante Él.
2. Y bendecirán y glorificarán al Señor de los Espíritus, diciendo: Bendito es el Señor de los Espíritus, el Señor de los reyes, el Señor de los príncipes, el Señor de los ricos, el Señor de gloria y el Señor de sabiduría.

3. Él iluminará toda cosa secreta.
4. Tu poder es de generación en generación y tu gloria, por los siglos de los siglos.
5. Profundos e innumerables son todos tus secretos, y tu justicia es incalculable.
6. Ahora sabemos que debimos glorificar y bendecir al Señor de los reyes, a él que es el Rey sobre todas las cosas.
7. Ellos también dirán: ¿Quién nos ha proporcionado reposo para glorificar, alabar, bendecir y confesar en presencia de su gloria?
8. Y ahora poco es el reposo que anhelamos, pero no lo encontramos; lo rechazamos sin poseerlo. La luz se desvanece ante nosotros y la oscuridad ha cubierto nuestros tronos por los siglos de los siglos.
9. Porque no nos hemos confesado ante Él; no hemos glorificado el nombre del Señor de Reyes; no hemos glorificado a nuestro Señor en todas sus obras, sino que hemos creído en el cetro de nuestro mando y de nuestra gloria.
10. El día de nuestra tribulación y de nuestro sufrimiento, no nos salvará ni seremos capaces de hallar descanso. Confesamos que nuestro Señor es fiel en todos sus juicios y en todas sus sentencias y en su justicia.
11. En sus juicios no se congracia con personas; y debemos alejarnos de su presencia, a causa de nuestros actos malvados.
12. Todos nuestros pecados son realmente incontables.
13. Después ellos mismos se repetirán: Nuestras almas están colmadas de armas criminales;
14. pero estas no nos impiden descender a las entrañas llameantes del infierno.

15. Después, sus semblantes se cubrirán de oscuridad y de confusión ante el Hijo del hombre, y serán expulsados de su presencia y la espada permanecerá ante él para expulsarlos.
16. Así habló el Señor de los Espíritus: Este es el decreto y la sentencia contra los príncipes, los reyes, los glorificados y los que poseen la Tierra, ante el Señor de los Espíritus.

Capítulo 63

También vi otros rostros en ese lugar secreto. Oí la voz de un ángel que decía: Éstos son los ángeles que han descendido del cielo a la tierra y han revelado secretos a los hijos de los hombres, y les han seducido para que cometieran pecados.

Capítulo 64

1. En esos días, Noé vio que la Tierra se iba inclinando y que se acercaba la destrucción.
2. Luego se puso en marcha y se dirigió a los confines de la Tierra, hacia la morada de su bisabuelo Enoc.
3. Y Noé gritó con voz amarga: «Escúchame, escúchame, escúchame», tres veces. Y dijo: Dime qué es lo que se está tramando sobre la Tierra, porque agoniza y se tambalea violentamente. Sin duda yo también pereceré con ella.
4. Tras ello hubo una gran sacudida en la tierra y una voz se oyó desde el cielo. Caí sobre mi rostro, cuando mi bisabuelo Enoc vino y permaneció junto a mí.
5. Me dijo: ¿Por qué me has gritado con esa amarga voz, lamentándote?
6. El Señor ha pronunciado un mandamiento contra aquellos que habitan la Tierra, de que van a ser aniquilados, puesto que conocen todos y cada uno de los secretos de los ángeles,

cada poder tiránico y secreto de los demonios, y cada poder de los que practican la brujería, así como de los que funden las imágenes de metal por toda la tierra.

7. Saben cómo se produce la plata con el polvo de la tierra y que el metal fundido existe en la Tierra; porque el plomo y el estaño no se obtienen de la tierra, como fuente primaria de su producción.

8. Hay un ángel que permanece a su lado y este ángel lucha por prevalecer.

9. A continuación, mi bisabuelo Enoc me agarró con su mano, me levantó, y me dijo: Vete, porque he preguntado al Señor de los Espíritus sobre esta agitación de la tierra y me ha contestado: A causa de su impiedad sus innumerables juicios han sido consumados ante mí. En cuanto a las lunas, han preguntado y han sabido que la Tierra perecerá con aquellos que la habitan y que para estos no habrá jamás lugar alguno en el que refugiarse.

10. Ellos han descubierto secretos y son ellos quienes han sido juzgados; pero no tú, hijo mío. El Señor de los Espíritus sabe que tú eres puro y bueno, libre de este reproche de revelar los misterios.

11. Él, el Santo, consagrará tu nombre entre los santos y te protegerá de los que habitan en la Tierra. Implantará tu progenie en la justicia, con dominio y gran gloria; y de tu progenie brotarán un sinnúmero de hombres justos y santos, por siempre jamás.

Capítulo 65

1. Después de esto él me mostró los ángeles del castigo, que estaban preparados para venir y abrir las poderosas aguas bajo la tierra:

2. para que juzguen y destruyan a todos aquellos que permanecen y habitan en la Tierra.
3. Y el Señor de los Espíritus ordenó a los ángeles que salían que no tomasen a los hombres, [sino] que los protegieran.
4. Porque los ángeles gobernaban todas las poderosas aguas. Entonces yo me separé de la presencia de Enoc.

Capítulo 66

1. En esos días la palabra de Dios se me reveló y me dijo: Noé, he aquí que tu destino ha ascendido hasta mí, un destino en el que no hay reproche, un destino de amor y de rectitud.
2. Entonces los ángeles trabajarán en los bosques, pero cuando pasen a esto, yo extenderé mi mano sobre ello y yo lo guardaré.
3. Y la semilla de la vida saldrá de ahí y habrá un cambio para que la tierra firme no quede deshabitada. Y yo asentaré tu progenie ante mí por los siglos de los siglos, y la semilla de aquellos que habitan contigo en la superficie de la Tierra. Será bendita y se multiplicará en presencia de la tierra, en el nombre del Señor.
4. Y ellos encerrarán a aquellos ángeles que se han mostrado irreverentes. En ese valle ardiente es donde serán encerrados, el que primeramente mi bisabuelo Enoc me había mostrado en el oeste, donde había montañas de oro, de plata, de hierro, de metal fundido y de estaño.
5. Contemplé ese valle donde había una gran agitación y donde las aguas estaban agitadas.
6. Y cuando todo eso tuvo lugar, de la masa fluida de fuego y de la agitación que se imponía en ese lugar, emanó un fuerte olor de azufre, que se mezcló con las aguas; y el valle de los ángeles, acusados de seducción, ardió por debajo de su suelo.

7. Por ese valle también manaban ríos de fuego, adonde serán condenados los ángeles que han seducido a los habitantes de la Tierra.
8. Durante esos días, esas aguas serán para los reyes, los príncipes, los glorificados y los que habitan la Tierra, para la curación del alma y del cuerpo y para el juicio del espíritu.
9. Sus espíritus estarán repletos de lujuria, de manera que serán juzgados en sus cuerpos, porque han renegado del Señor de los Espíritus y, aunque ellos ven su condena día tras día, no creen en su nombre.
10. Y dado que la inflamación de sus cuerpos será inmensa, sus espíritus sufrirán un cambio por los siglos de los siglos.
11. Porque ninguna palabra pronunciada ante el Señor será en vano.
12. La sentencia ha caído sobre ellos, porque creyeron en la voluptuosidad de su carne y renegaron del Señor de los Espíritus.
13. En esos días las aguas de ese valle serán modificadas, porque cuando los ángeles sean juzgados, el calor de esos manantiales experimentará un cambio.
14. Y cuando los ángeles asciendan, el agua de los manantiales sufrirá una vez más un cambio y se congelará. Entonces escuché al santo Miguel que contestaba diciendo: Esta sentencia, con la que los ángeles serán juzgados, supondrá un testimonio contra los reyes, los príncipes y aquellos que poseen la Tierra.
15. Pues estas aguas de juicio servirán para su curación y para la muerte de sus cuerpos. Pero ellos no percibirán ni creerán que estas aguas cambiarán y se convertirán en un fuego que arderá para siempre.

Capítulo 67

1. Después de aquello, me proporcionó las señales características de todas las cosas secretas en el libro de mi bisabuelo Enoc y en las parábolas que le habían sido reveladas, intercalándolas entre las palabras del libro de las parábolas.
2. En ese instante, el santo Miguel contestó diciéndole a Rafael: El poder del espíritu me aleja y me impulsa. La gravedad de la sentencia, de la sentencia secreta de los ángeles, ¿quién será capaz de mantener la mirada —resistir esa grave sentencia que ha tenido lugar y ha devenido permanente— sin derretirse al contemplarla? El santo Miguel tomó de nuevo la palabra y le contestó al santo Rafael: ¿Existe alguien cuyo corazón no se ablande con eso y cuyos riñones no se turben por ello?
3. El juicio se ha pronunciado sobre ellos, por aquellos que una vez los sacaron a rastras, y sucedió cuando ellos estuvieron ante el Señor de los Espíritus.
4. De la misma manera, el santo Rakael le explicó a Rafael: Ellos no estarán ante los ojos del Señor, ya que el Señor de los Espíritus se ha ofendido con ellos; porque se han comportado como si fueran Señores. Por eso, les llevará una sentencia secreta por los siglos de los siglos.
5. Así no habrá ángel ni hombre que reciba una parte de ello; pero individualmente recibirán su sentencia por los siglos de los siglos.

Capítulo 68

1. Tras esa sentencia ellos estarán atónitos e irritados, porque se exhibirá a los habitantes de la Tierra.
2. He aquí los nombres de esos ángeles. Estos son sus nombres: el primero de ellos es Semiaza; el segundo, Arstiquifa; el ter-

cero, Armen; el cuarto, Kokabel; el quinto, Turel; el sexto, Rumial; el séptimo, Daniel; el octavo, Kael; el noveno, Baraquiel; el décimo, Azazel; el undécimo, Armaros; el duodécimo, Batarial; el décimo tercero, Basasael; el décimo cuarto, Hananel; el décimo quinto, Turial; el décimo sexto, Simapisel; el décimo séptimo, Yetariel; el décimo octavo, Tumael; el décimo noveno, Tariel; el vigésimo, Rumael y el vigésimo primero Azaziel.

3. Estos son los jefes de sus ángeles y los nombres de los líderes de sus centenas, los jefes de sus cincuentenas y los líderes de sus decenas.

4. El nombre del primero es Yeqon, el que sedujo a todos los hijos de los santos ángeles, y les causó el descenso a la Tierra, llevando por mal camino a los descendientes de los hombres.

5. El nombre del segundo es Kesabel, quien dio un mal consejo a los hijos de los santos ángeles y les indujo a corromper sus cuerpos al engendrar la humanidad.

6. El tercero es Gadriel: él divulgó a los niños de los hombres cada golpe mortal.

7. Él sedujo a Eva y mostró a los hijos de los hombres los instrumentos de la muerte, la cota de malla, el escudo y la espada para la matanza; todos los instrumentos de muerte a los hijos de los hombres.

8. De su mano obtuvieron esas cosas los que habitan en la Tierra, desde ese momento y para siempre.

9. El nombre del cuarto es Panemue: él mostró a los hijos de los hombres la amargura y la dulzura;

10. y les enseñó cada uno de los secretos de su sabiduría.

11. Enseñó a los hombres a leer y el uso de la tinta y el papel.

12. Así, numerosos son los que se han desviado en cada época del mundo hasta el día de hoy.
13. Porque los hombres no nacieron para esto, más que para dejar constancia de su fe con la pluma y la tinta;
14. pues los hombres no fueron creados, salvo como los ángeles, para permanecer justos y puros.
15. Tampoco la muerte, que todo lo destruye, los ha afectado;
16. pero debido a ese conocimiento perecen, y por eso también su poder los devora.
17. El nombre del quinto es Kasiade: éste reveló a los hijos de los hombres los golpes malvados de los espíritus y de los demonios:
18. los golpes que atacan al embrión en el vientre para que este sucumba; el golpe del espíritu por la picadura de la serpiente y el golpe dado a mediodía por el hijo de la serpiente, cuyo nombre es Tabaet.
19. Este es el turno de Kasbel, la parte principal del juramento que el Altísimo, que vive en la gloria, reveló a los santos.
20. Su nombre es Beka. Este habló con el santo Miguel para revelarles el sagrado nombre, para que ellos pudieran entender el nombre secreto y así recordar el juramento, y para que aquellos que han revelado cada secreto a los hijos de los hombres tiemblen ante este nombre y este juramento.
21. Así es el poder de ese juramento: poderoso y fuerte.
22. Y él dispuso este juramento de Akae por mediación del santo Miguel.
23. Estos son los secretos de este juramento, y gracias a él se confirmaron.
24. El cielo quedó a expensas de él antes de que el mundo fuera creado, para siempre.

25. Según él, la Tierra ha sido creada a partir del diluvio, mientras las agitadas aguas salían de las partes ocultas de las montañas, desde la creación del mundo hasta la eternidad.

26. Según este juramento, el mar ha sido creado, así como sus orígenes.

27. Durante el tiempo de su cólera, él le ha colocado la arena, que sigue inalterable para siempre; y por este juramento, el abismo ha sido fortalecido, y no se puede quitar de su ubicación por los siglos de los siglos.

28. Según este juramento, el Sol y la Luna completan su curso, sin cambios bruscos, siguiendo la orden que se les dio, por siempre jamás.

29. Y por este juramento, las estrellas cumplen su curso;

30. y cuando se las llama por su nombre, ellas regresan y responden, eternamente.

31. Así, en los cielos se producen los soplos de los vientos: todos tienen aliento y llevan a cabo una completa combinación de respiros.

32. Allí se guardan los tesoros del trueno y la luz resplandeciente del rayo.

33. Allí se guardan los tesoros del granizo y de la escarcha, los tesoros de la nieve, los tesoros de la lluvia y del rocío.

34. Todos estos se confiesan y alaban ante el Señor de los Espíritus.

35. Ellos se glorifican con todo el poder de la alabanza, y los sustenta en toda esa acción de gracias, mientras ellos loan, glorifican y exaltan el nombre del Señor de los Espíritus, por siempre jamás.

36. Y con ellos él establece este juramento, por el cual ellos y sus senderos están protegidos; su curso no perecerá.

37. Inmensa era su alegría.
38. Ellos bendijeron, glorificaron y alabaron porque les había sido revelado el nombre del Hijo del hombre.
39. Se sentó sobre el trono de su gloria; y la parte principal del juicio se le asignó a él, Hijo del hombre. Los pecadores desaparecerán y perecerán de la faz de la Tierra, mientras que los que los sedujeron serán encadenados por los siglos de los siglos.
40. Serán encarcelados según su grado de corrupción y todas sus obras desaparecerán de la faz de la Tierra. Y a partir de entonces no habrá nadie a quien corromper, pues el Hijo del hombre ha sido visto sentado en el trono de su gloria.
41. Y todo lo perverso desaparecerá y se alejará de su presencia; y la palabra del Hijo del hombre devendrá poderosa ante el Señor de los Espíritus.
42. Esta es la tercera parábola de Enoc.

Capítulo 69

1. Después de eso el nombre del Hijo del hombre, que vivía junto al Señor de los Espíritus, fue alabado por los habitantes de la Tierra.
2. Y fue glorificado en los carruajes del Espíritu; y el nombre salió entre ellos.
3. Desde ese día ya no fui atraído hacia ellos, pero él me sentó entre dos espíritus, entre el norte y el oeste, donde los ángeles recibieron sus cuerdas con el fin de medir un lugar para los elegidos y los justos.
4. Allí contemplé a los padres de los primeros hombres y a los santos, que residen en ese lugar por siempre.

Capítulo 70

1. Después mi espíritu fue ocultado y ascendió a los cielos. Contemplé a los hijos de los santos ángeles que caminaban sobre un fuego llameante y cuyos trajes y túnicas eran blancos y cuyos rostros eran transparentes como el cristal.
2. Vi dos ríos de fuego que brillaban como el jacinto.
3. Después caí sobre mi rostro ante el Señor de los Espíritus.
4. Y Miguel, uno de los arcángeles, me agarró la mano derecha, me levantó y me condujo hasta donde había todos los secretos de misericordia y de justicia.
5. Él me enseñó todos los secretos de los confines del cielo, todos los depósitos de estrellas y todo su resplandor, de donde salieron ante el rostro de los santos.
6. Y él escondió el espíritu de Enoc en el cielo de los cielos.
7. Allí descubrí, en medio de esa luz, una construcción erigida con bloques de hielo;
8. y entre esos bloques [había] vibraciones de fuego vivo. Mi espíritu vio, alrededor del círculo de esa estancia llameante, en uno de sus extremos, que había ríos llenos de fuego vivo que la rodeaban.
9. Entonces, los serafines, los querubines y los ofanines la rodearon: estos son los que nunca duermen, pero vigilan el trono de su gloria.
10. Vi innumerables ángeles, miles de miles y miríadas de miríadas, rodear esa casa.
11. Miguel, Rafael, Gabriel, Fanuel y los santos ángeles que estaban arriba en los cielos, entraban y salían de ella. Miguel, Rafael y Gabriel, e incontables santos ángeles salieron de esa morada.

12. Con ellos estaba el Anciano de días, cuya cabeza era blanca y pura como la lana y sus vestidos eran indescriptibles.
13. Caí sobre mi rostro, mientras todo mi cuerpo se disolvía y mi espíritu se transformaba.
14. Grité con una voz fuerte, con un poderoso espíritu, bendiciendo, glorificando y exaltando.
15. Y esas bendiciones, que salieron de mi boca, resultaron aceptables en presencia del Anciano de días.
16. El Anciano de días vino con Miguel y Gabriel, Rafael y Fanuel y miles de miles y miríadas de miríadas [de ángeles] innumerables.
17. Posteriormente, ese ángel vino a mí y me saludó con la voz, diciéndome: Tú eres el Hijo del hombre, que ha nacido para la justicia, y esta descansa en ti.
18. La justicia del Anciano de días no te abandonará.
19. Dijo: A ti te confiará la paz en nombre del mundo existente, porque de ahí ha salido la paz desde que el mundo fue creado.
20. Y así te sucederá, por los siglos de los siglos.
21. Todo el que exista y todo el que ande sobre tu camino de justicia no te abandonará jamás.
22. Contigo estarán sus moradas, contigo su destino; de ti no serán separadas, por los siglos de los siglos.
23. Y así la duración de los días será con el Hijo del hombre.
24. La paz será para los justos y estos perseguirán el sendero de la integridad, en nombre del Señor de los Espíritus, eternamente.

Libro astronómico

Capítulo 71

1. El libro de las revoluciones de las luminarias del cielo, según cada una de sus categorías, de sus respectivos poderes, de su correspondiente período, de sus respectivos nombres, los lugares donde iniciaron su trayectoria y sus meses correspondientes, los cuales Uriel, el santo ángel que estaba conmigo, me explicó; él es el que las guía. Su entera explicación, según todos los años del mundo para siempre, hasta que sea realizada una nueva obra, que será eterna.
2. Esta es la primera ley de las luminarias. El sol y la luz llegan a las puertas del cielo, situadas al este, y a su oeste en las puertas occidentales del cielo.
3. He contemplado las puertas que están donde sale el sol y las puertas donde el sol se pone;
4. En esas puertas también sale y se pone la luna, y vi los guías de las estrellas, entre los que las preceden; había seis puertas en el nacimiento del sol y otras seis a poniente.
5. Todas ellas, respectivamente, una tras otra, están a la misma altura; y había numerosas ventanas a derecha e izquierda de esas puertas.
6. La primera procede de esa gran luminaria, denominada Sol, cuya esfera es la esfera del cielo, y está completamente repleta de un espléndido y llameante fuego.

7. El viento azota su carruaje, al ascender.
8. El sol se pone en el cielo, y, regresando por el norte para ir al este, es guiado de manera que entre por la puerta e ilumine la faz del cielo.
9. Igualmente sale en el primer mes por una gran puerta.
10. Pasa por la cuarta de esas seis puertas que están en el amanecer del sol.
11. En esta cuarta puerta, por la que sale el sol con la luna, durante la primera parte de ese mes, hay doce ventanas abiertas, por donde sale una llama, cuando se abren en sus correspondientes tiempos.
12. Cuando el sol sale en el cielo, pasa por esta cuarta puerta durante treinta días, y por la cuarta puerta al oeste del cielo a la par con esta, desciende.
13. Durante ese período, el día se alarga con el día y la noche se acorta con la noche durante treinta días. Y después, el día se alarga dos veces más que la noche.
14. El día tiene exactamente diez partes y la noche tiene ocho partes.
15. El sol cruza esta cuarta puerta y se pone en ella, y se voltea hacia la quinta puerta durante treinta días; tras eso, nace y se pone por esta quinta puerta.
16. Entonces el día se alarga en una segunda parte, así tiene once partes; mientras que la noche se acorta y tiene solo siete partes.
17. Ahora el sol vuelve al este y entra en la sexta puerta y nace y se pone por la sexta puerta durante treinta y un días, según sus signos.
18. Durante ese período, el día es más largo que la noche, siendo el doble de largo que la noche y posee así doce partes;

19. pero la noche se acorta y tiene seis partes. Entonces el sol se eleva, para que el día se acorte y la noche se alargue.
20. Y el sol regresa al este y entra en la sexta puerta, donde sale y se pone durante treinta días.
21. Cuando se completa el período, el día se acorta exactamente una parte, para tener once partes, mientras la noche posee siete partes.
22. Luego el sol sale del oeste, por esa sexta puerta, y va al oriente, para salir por la quinta puerta durante treinta días, poniéndose de nuevo en occidente por la quinta puerta del oeste.
23. En esa época, el día se acorta dos partes, y tiene diez partes, mientras que la noche tiene ocho partes.
24. Entonces el sol sale de la quinta puerta y se pone por la quinta puerta al oeste; y nace por la cuarta puerta durante treinta y un días, a causa de sus signos, y se pone por el oeste.
25. En esa época, el día es igual a la noche y, al ser iguales, la noche es de nueve partes y el día de nueve partes.
26. A continuación el sol sale por esa puerta pues se pone por el oeste, y, al volver al este, sigue por la tercera puerta durante treinta días y se pone al oeste por la tercera puerta.
27. En esa época, la noche es más larga que el día durante treinta mañanas, y el día se reduce del día durante treinta días; la noche tiene exactamente diez partes y el día, ocho.
28. El sol sale por esa tercera puerta y se pone por la tercera puerta al oeste; pero al regresar al este, sale por la segunda puerta del este durante treinta días.
29. De igual modo se pone por la segunda puerta al oeste del cielo.
30. Y en esa época la noche tiene once partes y el día, siete.

31. Entonces el sol sale en esa época por esa segunda puerta y se pone por la segunda puerta al oeste; pero regresa al este, desde la primera puerta, durante treinta y un días.
32. Y se pone al oeste por la primera puerta.
33. En ese período la noche vuelve a ser tan larga como el día.
34. Mide doce partes exactamente, mientras el día tiene seis partes.
35. El sol ha completado así sus inicios, y vuelve una segunda vez sobre sus inicios.
36. En esa [primera] puerta entra durante treinta días y se pone por el oeste, por la parte opuesta del cielo.
37. Durante esa época la noche se acorta un cuarto; es decir, una parte, para pasar a poseer once partes.
38. El día posee siete partes.
39. Entonces el sol regresa y entra en la segunda puerta al este.
40. Vuelve sobre sus orígenes durante treinta días, saliendo y poniéndose.
41. En ese tiempo, la noche acorta su duración. Pasa a poseer diez partes y el día, ocho partes. Entonces, el sol nace por esa segunda puerta y se pone por el oeste, pero vuelve al este y sale por el este, por la tercera puerta, treinta y un días, y se pone por el oeste del cielo.
42. Durante ese período, la noche se acorta; tiene nueve partes. Y la noche es igual al día. El año tiene exactamente trescientos sesenta y cuatro días.
43. La duración del día y de la noche, así como la contracción del día y de la noche, sirven para diferenciarse la una de la otra, por la trayectoria del Sol.
44. Es por esa trayectoria que el día se alarga diariamente y la noche se acorta mucho más.

45. He ahí la ley y la trayectoria del Sol, y su rotación cuando regresa, girando sesenta días, y saliendo. Esta es la grande y eterna luminaria, que él denomina Sol, por los siglos de los siglos.
46. Y esto también es todo lo que sale de una gran luminaria y que es nombrado según su propia apariencia, como lo ha ordenado Dios.
47. Y así entra y sale, sin aflojar ni reposar, sino continuando en su carruaje de día y de noche. Brilla con la séptima parte de luz de la luna, pero las dimensiones de ambos son iguales.

Capítulo 72

1. Tras esa ley vi otra ley de una luminaria inferior cuyo nombre es Luna y cuya esfera es como la del cielo.
2. El viento azota el carro, que secretamente hace ascender, y la luz le es dada midiéndola.
3. Cada mes, a su salida y entrada, cambia y sus ciclos son como los del sol. Y cuando, de igual manera, su luz llega a existir, su luz es una séptima parte de la luz del sol.
4. Así, sale y en sus inicios va hacia el este durante treinta días.
5. En ese momento aparece y es para vosotros el principio del mes. Treinta días está con el sol, en la puerta por donde este sale.
6. La mitad de ella tiene siete partes de extensión, una mitad; y toda su esfera está vacía de luz, salvo una séptima parte de las catorce partes de su luz. Y en un día recibe una séptima parte de su luz, o la mitad de esa parte. Su luz es de siete en siete, por una parte, y por la mitad de una parte. Se pone con el sol.
7. Y cuando el sol sale, la luna asoma con él, y recibe media parte de luz.

8. Esa noche, cuando inicia su ciclo, previamente al día del mes, la luna se pone con el sol.
9. Y durante esa noche está oscura en sus catorce partes; es decir, en cada mitad; pero ese día sale con un séptimo exactamente, y durante su recorrido mengua a salir el sol.
10. Durante el resto de su ciclo, su luz aumenta hasta catorce partes.

Capítulo 73

1. A continuación contemplé otra trayectoria y otra regulación que Él realizó en la ley de la luna. Uriel, el santo ángel que las guía a todas, me mostró la trayectoria de las lunas y todo lo relacionado con ellas.
2. Anoté sus posiciones tal y como él me las enseñó.
3. Escribí sus meses conforme ocurrían y el aspecto de su luz, hasta que se completa en quince días.
4. En cada una de sus dos porciones de siete partes, ella completa toda su luz al salir y al ponerse.
5. Y en determinados meses, ella cambia sus puestas; y en determinados meses, ella realiza su recorrido a través de cada puerta. En dos puertas, la luna se pone con el sol; a saber: en las dos puertas que están en el medio, en la tercera y cuarta puertas. Desde la tercera puerta sale durante siete días y hace su recorrido.
6. Regresa de nuevo a la puerta por donde sale el sol y en ella completa la totalidad de su luz. Después, ella se aleja del sol y tras ocho días entra en la sexta puerta y regresa en siete días a la tercera puerta, por donde sale el sol.
7. Cuando el sol sale por la cuarta puerta, la luna sale durante siete días, hasta que pasa por la quinta puerta.

8. De nuevo regresa tras siete días a la cuarta puerta y completa toda su luz, mengua y pasa por la primera puerta tras ocho días.
9. Y en siete días vuelve a la cuarta puerta, por la cual sale el sol.
10. Así he contemplado sus estaciones: cómo, de acuerdo con el orden fijo de los meses, el sol sale y se pone.
11. En esos días, hay treinta días de excedente que pertenecen al sol cada cinco años; todos los días de cada año de estos cinco años, al completarse, suman trescientos sesenta y cuatro días; al Sol y a las estrellas les pertenecen seis días; seis días en cada uno de los cinco años; por lo que treinta días son suyos.
12. De este modo, la luna tiene treinta días menos que el sol y las estrellas.
13. La Luna progresa exactamente igual todos los años, de modo que sus posiciones ni se avancen ni se retrasen un solo día, para que los años puedan ser cambiados con una precisión absoluta cada trescientos sesenta y cuatro días. En tres años, habrá mil noventa y dos días; en cinco años, mil ochocientos veinte, y en ocho años, dos mil novecientos doce días.
14. Solo a la Luna, en tres años, le pertenecen mil sesenta y dos días; en cinco años, tendrá cincuenta días menos que el Sol, a causa de una suma que se hizo de mil sesenta y dos días, en cinco años habrá mil setecientos setenta días; y los días de la Luna tras ocho años alcanzarán los dos mil ochocientos treinta y dos días.
15. Pues, tras ocho años, tendrá ochenta días menos que el Sol; y son ochenta los días que disminuye en ocho años.
16. Entonces el año deviene totalmente completo según las posiciones de las lunas y la posición del sol, los cuales salen por

diferentes puertas, los cuales salen y se ponen durante treinta días.

Capítulo 74

1. Estos son los líderes de los jefes de los millares, quienes gobiernan toda creación y todas las estrellas, con los cuatro días que son añadidos y jamás separados del lugar que les ha sido conferido, conforme al cómputo completo del año.
2. Y estos sirven cuatro días, que no se suman al cómputo del año.
3. Por su causa los hombres yerran enormemente, pues estas luminarias realmente sirven en la mansión del mundo, un día en la primera puerta, uno por la tercera puerta, uno por la cuarta puerta y uno por la sexta puerta.
4. Y la armonía del mundo resulta completa a cada trescientas sesenta y cuatro estaciones del mundo. Porque los signos,
5. las estaciones,
6. los años,
7. y los días, me mostró Uriel, el ángel a quien el Señor de la gloria ha designado sobre todas las luminarias.
8. Del cielo en el cielo y en el mundo, para que reinen en la faz del cielo y sean vistos sobre la tierra, devengan
9. guías de los días y de las noches: el Sol, la Luna y las estrellas y todos los pastores del cielo, que realizan su curso con todos los carruajes del cielo.
10. Así Uriel me enseñó doce puertas abiertas para las rutas de los carruajes del Sol en los cielos, desde los cuales brotan los rayos del sol.
11. De ellas procede el calor sobre la tierra, cuando se abren en sus respectivas estaciones. Ellas sirven a los vientos, y al espí-

ritu del rocío, cuando son abiertas en sus estaciones, abiertas en los cielos, en sus extremidades.

12. Contemplé doce puertas en el cielo, en los confines de la Tierra, a través de las cuales el Sol, la Luna y las estrellas y todas las obras del cielo, salen y se ponen.

13. También hay numerosas ventanas abiertas a derecha y a izquierda.

14. Una ventana en determinada estación se calienta mucho. También hay puertas de donde las estrellas salen en cuanto se les ordena y en ellas se ponen según su número.

15. Asimismo he visto los carros de los cielos que recorren el mundo por encima de esas puertas, en las cuales las estrellas giran y nunca se ponen. Hay una mayor que las demás, que da la vuelta al mundo entero.

Capítulo 75

1. Y en los confines de la Tierra, observé doce puertas abiertas para todos los vientos, de las cuales salían y soplaban sobre la Tierra.

2. Tres de ellas están abiertas frente al cielo, tres al oeste, tres a la derecha del cielo y otras tres a la izquierda. Las tres primeras son las que se encuentran hacia el este, tres están hacia el norte, tres están detrás de las de la izquierda, hacia el sur, y tres al oeste.

3. Por cuatro de ellas avanzan vientos de bendición y de curación; y por ocho salen vientos de castigo cuando son enviados para destruir la Tierra y el cielo que está sobre ella, a todos sus habitantes y a todos los que están en el agua o sobre tierra firme.

4. El primero de estos vientos proviene de la puerta denominada oriental, a través de la primera puerta, denominada oriental, por la primera puerta al este, que mira hacia el sur. Por ella salen la destrucción, la sequía, el calor y la perdición.
5. Por la segunda puerta, la del medio, sale la equidad. De ella salen la lluvia, la fecundidad, la salud y el rocío; y por la tercera puerta hacia el norte salen el frío y la sequía.
6. Tras estos, avanzan los vientos del sur por las tres puertas principales; por su primera puerta, que se inclina hacia el este, surge un cálido viento.
7. Pero, por la puerta del medio emana un agradable olor, el rocío, la lluvia, la salud y la vida.
8. Por la tercera puerta, que está del lado oeste, salen el rocío, la lluvia, las plagas y la destrucción.
9. Tras estos están los vientos hacia el norte, denominados mar. Estos salen de tres puertas. La primera puerta es la que está al este, que se inclina hacia el sur; de ella provienen el rocío, la lluvia, las epidemias y la destrucción. De la puerta central salen la lluvia, el rocío, la vida y la salud. Y por la tercera puerta, que está hacia el oeste, y se inclina al sur, salen la niebla, la escarcha, la nieve, la lluvia, el rocío y las epidemias.
10. Tras estas, en el cuarto están los vientos al oeste. De la primera puerta, inclinada hacia el norte, salen el rocío, la lluvia, la escarcha, el frío, la nieve y las bajas temperaturas; por la puerta central salen la lluvia, la salud y la bendición;
11. y de la última puerta, que está al sur, proceden la sequía, la destrucción, el calor abrasador y la perdición.
12. El relato de las doce puertas de los cuatro cuartos de los cielos ha terminado.

13. Te he enseñado todas sus leyes, todas sus imposiciones de castigo y la curación que producen, ¡hijo mío, Matusalén!

Capítulo 76

1. El primer viento se llama del este, porque es el primero.
2. El segundo se llama del sur, porque el Altísimo desciende allí, y a menudo desciende también aquel que es bendito por siempre.
3. El viento del oeste se denomina disminución, porque allí menguan y descienden todas las luminarias del cielo.
4. El cuarto viento, cuyo nombre es norte, se divide en tres partes: una de ellas es para que habiten los hombres; otra, para mares de agua, con valles, bosques, ríos, lugares sombríos y nieve; y la tercera parte encierra el paraíso.
5. He contemplado siete altas montañas, más altas que todas las montañas de la Tierra, de las que procede la escarcha, mientras los días, las estaciones y los años pasan.
6. He visto siete ríos sobre la tierra, más grandes que todos los ríos, y el curso de uno de ellos viene del oeste; su agua desemboca en un gran mar.
7. Dos provienen del norte hasta el mar; sus aguas desembocan en el mar eritreo al este. Y en cuanto a los otros cuatro, inician su curso en la cavidad del norte, dos a su mar, al mar eritreo, y [los otros] dos son vertidos a un gran mar, donde también se dice que hay un desierto.
8. Divisé siete grandes islas en el mar y en la tierra. Siete en el gran mar.

Capítulo 77

1. Estos son los nombres del Sol: uno es Oryares y el otro, Tomás.
2. La Luna tiene cuatro nombres. El primero es Asonya; el segundo, Ebela; el tercero, Benase y el cuarto, Erae.
3. Estas son las dos grandes luminarias, cuyas esferas son como las del cielo, y las dimensiones de ambas son iguales.
4. En la esfera del Sol hay una séptima parte de luz que le es añadida de la Luna. Le es introducida a medida, hasta que una séptima parte de la luz del sol ha salido. Se ponen, entran por la puerta oeste, recorren el norte y por la puerta este avanzan hacia la faz del cielo.
5. Cuando la luna sale, aparece en el cielo, y la mitad de una séptima parte de luz es todo lo que hay en ella.
6. En catorce días la totalidad de su luz está completa.
7. La luz es introducida en tres quíntuplos, hasta que, en quince días, su luz se completa, según los signos del año; está compuesta de tres quíntuplos.
8. La luna tiene la mitad de una séptima parte.
9. Cuando mengua, el primer día decrece una catorceava parte; el segundo día decrece una treceava parte; el tercer día, una doceava parte; el cuarto día, una onceava parte; el quinto día, una décima parte; el sexto día, una novena parte; el séptimo día decrece una octava parte; el octavo día decrece una séptima parte; y el noveno día decrece una sexta parte; y el décimo día decrece una quinta parte; y el undécimo día decrece un cuarto; y el duodécimo día decrece un tercio; el decimotercer día decrece la mitad; el decimocuarto día decrece la mitad de su séptima parte, y el decimoquinto día es consumido lo que queda de su luz.

10. En determinados meses, la luna tiene veintinueve días.
11. También tiene ciclos de veintiocho días.
12. Asimismo, Uriel me mostró otra ley, cuando la luz es vertida en la luna, cómo se vierte en ella desde el sol.
13. Siempre que la luna avanza con su luz, esta es vertida en ella en presencia del sol, hasta que tras catorce días su luz está completa en el cielo.
14. Y cuando está completamente apagada, su luz es consumida en el cielo; y el primer día es llamada luna nueva, porque ese día la luz se recibe en su interior.
15. Deviene totalmente completa el día en que el sol desciende al oeste, mientras la luna asciende por la noche desde el este.
16. Entonces la luna brilla durante toda la noche hasta que el sol sale ante ella y la luna, a su vez, desaparece frente al sol.
17. Por donde la luz llega a la luna, por ahí de nuevo decrece, hasta que toda su luz es consumida y los días de la luna pasan.
18. Entonces su esfera permanece sola, sin luz.
19. Durante tres meses, actúa los treinta días de cada mes de su ciclo, y durante tres meses más ella actúa durante veintinueve días. Estas son las veces que realiza el decrecimiento en el primer ciclo, y en la primera puerta; es decir, en ciento setenta y siete días.
20. Y en el momento de su salida, durante tres meses aparece durante treinta días, y durante tres meses más aparece durante veintinueve días.
21. Por la noche, aparece cada veinte días como el rostro de un hombre; y de día, como el cielo; porque ella no es otra cosa que su luz.

Capítulo 78

1. Y ahora, hijo mío, Matusalén, te he enseñado todo, y el relato de cada una de las leyes de las estrellas en los cielos ha terminado.

2. Él me mostró las leyes que lo regulan, que funcionan en todas las estaciones bajo toda influencia, todos los años, y por su fin y según las reglas de cada uno, de todos los meses y todas las semanas. Me mostró también el decrecimiento de la luna, que se realiza por la sexta puerta, porque por esa sexta puerta se consume su luz.

3. Allí se inicia el mes, y su disminución se lleva a cabo por la sexta puerta en su ciclo, hasta que se completen ciento setenta y siete días o, según el cómputo por semanas, veinticinco semanas y dos días.

4. Su ciclo es menor que el del sol, según la ley de las estrellas, cada cinco días en medio año exactamente.

5. Cuando eso sucede, su situación visible está completa. Tal es la apariencia y el parecido de cada luminaria que me mostró Uriel, el gran ángel que las guía.

Capítulo 79

1. Esos días, Uriel respondió diciéndome: ¡He aquí que te he enseñado todas las cosas, oh, Enoc!;

2. y todas las cosas te las he revelado a ti. Viste el Sol, la Luna y los que guían las estrellas del cielo, que dirigen todas sus acciones, estaciones, llegadas y regresos.

3. En los días de los pecadores, los años se acortarán.

4. Su progenie regresará a su prolífica tierra, y todo lo que se haya hecho en la tierra será subvertido y desaparecerá en su estación. La lluvia será moderada y el cielo estará quieto.

5. Esos días, el fruto de la tierra llegará tarde y no florecerá en su estación; y en sus estaciones los frutos de los árboles serán ocultados.
6. La luna cambiará sus leyes y no aparecerá más a su debido tiempo. Pero esos días el cielo será visto y la aridez tendrá lugar en las extremidades de los grandes carros al oeste. El cielo brillará más que cuando es iluminado por orden de la luz; mientras muchos jefes de entre las estrellas del orden errarán, pervirtiendo así sus caminos y sus obras.
7. Estos no aparecerán en su época, quienes los dirigen, y todas las clases de estrellas serán acalladas contra los pecadores.
8. Los pensamientos de los que viven en la tierra pecarán dentro de ellos y se pervertirán de todas las formas.
9. Pecarán y se considerarán dioses, mientras el mal se multiplicará entre ellos.
10. El castigo caerá sobre ellos, de tal forma que todos serán aniquilados.

Capítulo 80

1. Él me dijo: Oh, Enoc, mira el libro que el cielo ha arrojado gradualmente, y cuando leas lo que está escrito en él, comprenderás cada una de sus partes.
2. Entonces miré todo lo que estaba escrito y lo comprendí todo, al leer el libro y todas las cosas escritas en él, todas las obras del hombre;
3. y de todos los hijos de carne que están sobre la tierra, durante las generaciones del mundo.
4. Inmediatamente después, bendije al Señor, el Rey de la gloria, quien ha creado para siempre todas las obras del mundo.

5. Y glorifiqué al Señor por su paciencia, y le bendije por los hijos del mundo.
6. Entonces dije: Dichoso es el hombre que morirá justo y bueno, cuya lista de delitos aún no se ha escrito y en quien no se halla injusticia.
7. Entonces esos tres santos me obligaron a acercarme y me dejaron en la tierra ante la puerta de mi casa.
8. Y me dijeron: Explícaselo todo a Matusalén, tu hijo, e informa a todos los niños de que ningún ser de carne será justificado ante el Señor, porque él es su Creador.
9. Durante un año, te dejaremos con tus hijos hasta que recuperes fuerzas, para que instruyas a tu familia, escribe todo esto y explícaselo a todos tus hijos. Pero en un año más te retirarán de entre ellos y tu corazón será fortalecido, porque los elegidos señalarán la justicia a los elegidos; los justos se alegrarán con los justos, congratulándose unos a otros, pero los pecadores morirán con los pecadores,
10. y los depravados serán hundidos con los depravados.
11. Asimismo los que actúen justamente morirán por las obras de los hombres y serán reunidos por las acciones de los malvados.
12. En esos días ellos dejaron de conversar conmigo.
13. Y regresé con los míos, bendiciendo al Señor de los mundos.

Capítulo 81

1. Ahora, hijo mío, Matusalén, te digo todas estas cosas y te las escribo. Por ti he revelado todo y te he entregado los libros de todo.
2. Conserva, oh, hijo mío, Matusalén, los libros escritos por tu padre, porque los transmitirás a futuras generaciones.

3. Te he dado la sabiduría, a tus hijos, y tus descendientes, que ellos deberán transmitir a sus hijos, durante generaciones y para siempre, esta sabiduría en sus pensamientos; y que aquellos que la comprendan no duerman, sino que escuchen con sus oídos, pues aprenderán esta sabiduría y serán juzgados dignos de este saludable alimento.
4. Dichosos todos los justos, dichosos todos los que recorren los senderos de la justicia, en quienes no se encuentra delito alguno, al contrario que en los pecadores, cuando todos sus días son contados.
5. Respecto a la trayectoria del Sol en el cielo, este entra y sale por cada puerta durante treinta días, con los líderes de las mil clases de estrellas, con los cuatro que le son añadidas y que pertenecen a los cuatro cuartos del año, que las guían y las acompañan durante los cuatro períodos.
6. En cuanto a estos, los hombres yerran enormemente y no los cuentan dentro del cómputo de cada era, porque los hombres yerran enormemente respecto a ellos; ni los hombres saben con precisión que pertenecen al cómputo del año. Pero realmente están señalados para siempre, uno en la primera puerta, uno en la tercera, uno en la cuarta y uno en la sexta:
7. de esta forma el año se completa con trescientos sesenta y cuatro días.
8. La verdad ha sido revelada, y exactamente computado todo lo que está anotado; así, Uriel me ha explicado, las luminarias, los meses, las fiestas, los años y los días, y me lo ha transmitido; el Señor de toda la creación le ha ordenado, en cuanto a mí, (según el poder del cielo y el poder que posee tanto de noche como de día) que explique a los hombres las leyes de la

luz, del Sol, de la Luna y de las estrellas y de todos los poderes del cielo que giran sobre sus respectivas esferas.

9. Esta es la ley de las estrellas que se colocan en sus lugares, en sus estaciones, en sus ciclos, en sus días y en sus meses.

10. Estos son los nombres de los que las guían, de los que las observan y entran en su estación, de acuerdo con las leyes en sus ciclos, en sus meses, en los tiempos de su influencia y en sus estaciones.

11. Primero entran sus cuatro guías, quienes separan los cuatro cuartos del año. Después de estos, [hay] doce guías de sus categorías, que separan los meses y el año en trescientos sesenta y cuatro días, junto con los líderes de un millar, quienes distinguen entre los días, al igual que entre los cuatro que le son añadidos, y quienes, en tanto que guías, dividen los cuatro cuartos del año.

12. Estos líderes del millar se encuentran entre los guías, y los guías son añadidos cada uno tras su estación, y sus guías realizan la separación. He aquí los nombres de los guías que separan los cuatro cuartos del año y que les son asignados: Melquiel, Elimelek,

13. Melayal y Narel.

14. Y los nombres de los que los guían son: Adnarel, Iyasusael e Iyelumiel.

15. Estos son los tres que siguen a los guías de las clases de estrellas; cada uno de ellos viene detrás de los tres guías de ellas, quienes siguen a los guías de las estaciones que separan las cuatro estaciones del año.

16. En la primera parte del año se levanta y reina Melquiel, cuyo nombre es Tamani y Zahay.

17. Todos los días de su poder, durante los cuales él gobierna, son noventa y un días.
18. Y estas son las señales de los días que se observan sobre la Tierra. Los días en que él rige hay sudor, calor y problemas. Todos los árboles producen fruto, las hojas salen en todos los árboles, se cosecha el maíz, la rosa y todas las flores brotan en los campos y los árboles de invierno se secan.
19. Así se llaman los guías que están por debajo de ellos: Berquiel, Zalbesael, y otro guía más de un millar, llamado Heloyaseph, cuyos días de dominio terminaron. El siguiente guía tras estos es Elimelek, llamado también el brillante Zahay.
20. Todos los días de su luz suman noventa y un días.
21. Y estas son las señales de los días que se observan sobre la tierra: calor y sequía; mientras tanto los árboles maduran sus frutos, frescos y a punto, y los ofrecen para secarlos.
22. Los rebaños siguen y conciben. Todos los frutos de la Tierra se recogen, con todo lo que hay en los campos y las vides, pisadas. Todo esto se lleva a cabo bajo su influencia.
23. Estos son sus nombres y órdenes, y los nombres de los guías que están a sus órdenes, de los que son líderes de un millar: Gedael, Keel y Heel.
24. Y el nombre del otro líder del millar es Asfael.
25. Los días de su dominio han finalizado.

Libro de los sueños

Capítulo 82

1. Y ahora te he enseñado, hijo mío, Matusalén, cada visión que he tenido previa a tu nacimiento. Te contaré otra visión que tuve antes de casarme; se parecen la una a la otra.
2. La primera se produjo cuando estaba estudiando un libro y la otra antes de casarme con tu madre. Tuve una poderosa visión;
3. y sobre ella supliqué al Señor.
4. Yo estaba descansando en la casa de mi abuelo, Mahalalel, cuando tuve la visión del cielo purificándose y arrebatado.
5. Y cuando se abalanzaba sobre la tierra, vi también cómo esta era engullida por un gran abismo; las montañas suspendidas sobre las montañas.
6. Las colinas hundiéndose sobre las colinas; enormes árboles eran separados de sus troncos, y era como si fuesen proyectados y sumergidos en el abismo.
7. Alarmado ante estas cosas, mi voz se quebró. Grité y dije: ¡La tierra está destruida! Entonces mi abuelo, Mahalalel, me levantó y me dijo: ¿Por qué gritas y por qué te lamentas así, hijo mío?
8. Le conté toda la visión que había tenido. Me explicó: confirmado está todo lo que tú has visto, hijo mío;

9. y poderosa es la visión de tu sueño sobre todos los pecados secretos de la Tierra. Su sustancia se hundirá en el abismo y tendrá lugar una gran destrucción.

10. Ahora, hijo mío, levántate y ruega al Señor de gloria (tú que eres fiel), para que queden unos cuantos sobre la Tierra y para que Él no la destruya por completo. Hijo mío, toda esta calamidad sobre la Tierra proviene del cielo; y sobre la Tierra habrá una inmensa destrucción.

11. Entonces me levanté, recé y supliqué; y escribí mi oración para las generaciones del mundo, explicándolo todo a mi hijo Matusalén.

12. Cuando descendí y miré hacia el cielo, contemplé el sol saliendo del este, la luna descender por el oeste, algunas estrellas dispersas y todo lo que Dios ha conocido desde el principio; bendije al Señor del juicio y le exalté porque ha traído al sol por las ventanas del este, de manera que, al subir y al bajar por la faz del cielo, se alce y prosiga el camino, que le ha sido señalado.

Capítulo 83

1. Y elevé mis manos en la justicia y bendije al Santo y Grande. Hablé por el aliento de mi boca y con la lengua de carne, que Dios ha proporcionado a todos los hijos de los mortales para que hablen con ella, dotándolos de aliento, de una boca y una lengua para conversar.

2. Bendito seas, ¡oh, Señor!, Rey, magno y fuerte en tu grandeza, Señor de todas las criaturas del cielo, Rey de reyes y Dios de todo el mundo, cuyo imperio, cuyo reino y cuya grandeza permanecen por los siglos de los siglos.

3. De generación en generación existe tu dominio. Todos los cielos son tu trono por siempre y la Tierra entera es tu escabel por siempre jamás.
4. Porque tú los has hecho y reinas sobre todo. No hay obra, sea cual sea, que supere tu poder. Contigo la sabiduría es inmutable, no hay sabiduría alguna que se aparte de tu trono ni de tu rostro. Tú lo conoces, lo ves y lo oyes todo, y no hay nada que pueda ocultársete porque ves todas las cosas.
5. Los ángeles de tus cielos han pecado, y tu ira permanecerá sobre la carne mortal, hasta el día del gran juicio.
6. Por eso ahora, ¡oh, Dios, Señor y magnánimo Rey!, te suplico y te ruego que aceptes mi oración, para dejarme descendientes sobre la Tierra y para que no perezca toda la raza humana;
7. para que no dejes a la Tierra desamparada ni la desolación sea eterna.
8. ¡Oh, Señor mío!, deja que la raza humana que te ha ofendido perezca, pero establece una raza de justicia y de rectitud para la posteridad por siempre. No ocultes tu rostro, oh Señor, de la oración de tus siervos.

Capítulo 84

1. Después de esto, tuve otro sueño y te lo explico todo, hijo mío. Enoc se levantó y le dijo a su hijo Matusalén: Quiero hablarte, a ti, hijo mío; escucha mi palabra y presta mucha atención al sueño visionario de tu padre. Antes de casarme con tu madre Edna, tuve una visión en mi lecho;
2. y contemplé una vaca que era expulsada de la tierra;
3. y esta vaca era blanca.

4. A continuación, salió una vaquilla hembra y tras ella, otra: una de ellas era negra y la otra, roja.
5. Entonces, la vaquilla negra golpeó a la roja, y la persiguió por toda la tierra.
6. Desde ese día, ya no volví a ver a la vaquilla roja, pero la negra engordó y una vaquilla vino con ella.
7. Tras esto, vi que aparecían numerosas vacas, que se le parecían y la seguían.
8. La primera hembra, más joven, también salió en presencia de la primera vaca y buscó la vaquilla roja, pero no la encontró.
9. Y ella se lamentaba con grandes quejidos mientras la buscaba.
10. Observé hasta que esa primera vaca se le aproximó, momento en que enmudeció y cesaron los quejidos.
11. A continuación ella parió otra vaca blanca.
12. Y siguió pariendo numerosas vacas y vaquillas negras.
13. En mi sueño vi también un toro blanco, que crecía de igual manera, y se convertía en un gran toro blanco.
14. Le seguían numerosas vacas blancas que se le parecían.
15. Y ellas comenzaron a dar a luz a muchas otras vacas blancas que se les parecían y se seguían las unas a las otras.

Capítulo 85

1. Observé de nuevo cuidadosamente, mientras dormía, y exploré el cielo en lo alto.
2. Y contemplé una estrella que caía del cielo.
3. Esta, una vez levantada, comió y se alimentó entre esas vacas.
4. Seguidamente divisé otras vacas grandes y negras, y observé cómo todas ellas cambiaban sus establos y pastos, mientras sus crías comenzaban a lamentarse las unas con las otras. Miré

nuevamente mi visión, e inspeccioné el cielo, cuando he aquí que vi numerosas estrellas que descendían y se proyectaban desde el cielo hasta donde se encontraba la primera estrella,

5. entre esas vaquillas; mientras las vacas estaban con ellas y pacían entre ellas.
6. Y las miré y las observé, cuando de repente todas empezaron a actuar como caballos y comenzaron a acercarse a las vaquillas; todas ellas se preñaron y parieron elefantes, camellos y asnos.
7. Todas estas vacas se alarmaron y se aterraron, en tal grado que empezaron a morder, a tragar y a golpear con sus cuernos.
8. Incluso empezaron a devorar a las vacas y he aquí que todos los hijos de la Tierra empezaron a temblar, a estremecerse de terror ante ellos y de repente huyeron.

Capítulo 86

1. Los observé nuevamente, cuando empezaron a cornearse y a devorarse los unos a los otros, y la tierra se puso a gritar. Elevé mis ojos al cielo una segunda vez y contemplé en la visión que salía del cielo algo semejante a hombres blancos. Uno salió de ese lugar, y tres con él.
2. Esos tres que salieron últimos me tomaron de la mano; y levantándome por encima de las generaciones de la tierra, me elevaron hasta un lugar alto.
3. Me enseñaron una elevada torre sobre la tierra, mientras todas las otras colinas empequeñecían. Y me dijeron: Estate aquí hasta que hayas visto lo que ha de sucederles a estos elefantes, a estos camellos y a estos asnos, a las estrellas y a todas las vacas.

Capítulo 87

1. Miré hacia uno de los cuatro hombres blancos que habían salido primero.
2. Éste cogió la primera estrella que había caído del cielo.
3. Y, atándola de pies y manos, la lanzó a un valle; un valle estrecho, profundo, descomunal y lúgubre.
4. Después, uno de ellos sacó su espada y se la dio a los elefantes, a los camellos y a los asnos, quienes empezaron a golpearse entre ellos. Y toda la tierra tembló por esto.
5. Y cuando observaba la visión, he aquí que uno de esos cuatro ángeles que había venido, arrojado desde el cielo, reunió y tomó todas las grandes estrellas, cuya forma se asemejaba parcialmente a la de los caballos; y atándolas todas de manos y pies, las lanzó a las cavidades de la Tierra.

Capítulo 88

1. Luego uno de esos cuatro se aproximó a las vacas blancas y les enseñó un misterio. Mientras la vaca temblaba, nació y se convirtió en hombre y se construyó una gran barca. En ella vivía; y tres vacas moraban con él en esta barca, que las cubría.
2. Elevé de nuevo mis ojos hacia el cielo y vi un techo elevado. Sobre este había siete cataratas, que vertían mucha agua sobre un determinado pueblo.
3. Volví a mirar y he aquí que aparecieron fuentes que brotaban del suelo en ese pueblo.
4. Y esa agua empezó a hervir y a elevarse por encima del suelo, de modo que el pueblo desapareció, porque toda su superficie quedó anegada por el agua.

5. Lo cubrían muchísima agua, oscuridad y nubes. También pude examinar la altura de esa agua, que se elevaba por encima del pueblo.
6. Creció por encima del pueblo y se mantuvo por encima del suelo.
7. Todas las vacas que habían sido agrupadas allí, cuando las miré, habían muerto ahogadas, tragadas y aniquiladas por esa agua.
8. Pero la barca flotaba sobre ella. Todas las vacas, los elefantes, los camellos y los asnos se ahogaron en la tierra, al igual que todas las reses. No pude divisarlos. Tampoco ellos pudieron salir, de modo que perecieron y se hundieron en el abismo.
9. Observé de nuevo dentro de la visión hasta que las cataratas de ese techo elevado fueron expulsadas, y las fuentes de la tierra se nivelaron, mientras se abrían otras profundidades;
10. y el agua empezó a descender, hasta que apareció la tierra firme.
11. La barca reposó en la tierra, la oscuridad se retiró y se hizo la luz.
12. Entonces la vaca blanca que se había convertido en hombre salió de la barca, junto con las tres vacas.
13. Una de las tres vacas era blanca, se parecía a esa vaca; y una de ellas era roja como la sangre, y la otra era negra. Y la vaca blanca las abandonó.
14. Empezaron las bestias y los pájaros a dar a luz.
15. De todos ellos, aunque de diferentes tipos, se parecían: leones, tigres, lobos, perros, jabalís, zorros, conejos,
16. halcones, buitres, milanos, águilas y cuervos.
17. Luego, en medio de ellos nació una vaca blanca.
18. Y empezaron a morderse entre ellos, cuando la vaca blanca, que había nacido entre ellos, parió a la vez un asno salvaje y

otra vaca blanca y, después de eso, muchos asnos salvajes. A continuación, la vaca blanca que había nacido dio a luz un cerdo negro salvaje y una oveja blanca.

19. Ese cerdo salvaje también parió numerosos cerdos;
20. y esa oveja dio a luz doce ovejas.
21. Y cuando esas doce ovejas hubieron crecido, entregaron una de ellas a los asnos.
22. Esos asnos, a su vez, entregaron esa oveja a los lobos,
23. y esta creció entre ellos.
24. Después, el Señor condujo a las otras once ovejas para hacer que habitaran y paciesen con él entre los lobos.
25. Se multiplicaron, y había suficiente pasto para ellas.
26. Pero los lobos empezaron a atemorizarlas y a oprimirlas, mientras aniquilaban a sus crías.
27. Y dejaron a sus crías en torrentes de aguas profundas.
28. Y las ovejas se pusieron a gritar por sus pequeños y huyeron hacia su Señor en busca de refugio. Pero una oveja que había escapado de los lobos huyó y fue hacia los asnos salvajes.
29. Contemplé a las ovejas quejándose, llorando y suplicando al Señor,
30. con todas sus fuerzas, hasta que el Señor de las ovejas descendió al oír a las ovejas, desde su elevada morada; fue hasta ellas y las examinó.
31. Llamó a esa oveja que había huido secretamente de entre los lobos y le dijo que hiciese entender a los lobos que no debían tocar a las ovejas.
32. La oveja regresó donde los lobos con la palabra del Señor, y otra fue a su encuentro y continuó con ella.

33. Ambas entraron en la morada de los lobos; y conversando con ellos les hicieron entrar en razón, pues desde ese momento ya no tocarían más a las ovejas.
34. Más tarde aprecié que los lobos se imponían fuertemente y con todas sus fuerzas sobre las ovejas. Las ovejas gritaron y el Señor fue a su lado.
35. Empezó a golpear a los lobos, quienes iniciaron un amargo lamento; pero las ovejas estaban calladas y desde entonces no gritaron más.
36. Las contemplé cuando se alejaban de los lobos. Los ojos de estos estaban ciegos, esos que antes salieron y las persiguieron con todas sus fuerzas. Pero el Señor de las ovejas salió con ellas y las guió.
37. Todas sus ovejas lo seguían.
38. Su rostro era maravilloso y espléndido y su aspecto, glorioso. Sin embargo, los lobos empezaron a perseguir a las ovejas, hasta que las alcanzaron cerca de un lago de agua.
39. Pero ese lago resultó dividido; el agua se mantuvo elevada a un lado y a otro ante su rostro.
40. Y mientras su Señor las guiaba, él se colocó entre ellas y los lobos.
41. No obstante, los lobos no vieron las ovejas, así que fueron al centro del lago, siguiéndolas y persiguiéndolas hasta el lago.
42. Pero cuando vieron al Señor de las ovejas, se giraron para huir ante su rostro.
43. El agua del lago volvió, de repente, a su estado natural. Se llenó y se elevó hasta que cubrió a esos lobos. Pude contemplar cómo todos aquellos que habían seguido a las ovejas perecían ahogados.

44. Pero las ovejas pasaron por encima del agua, en dirección a un desierto, sin agua ni hierba. Y empezaron a abrir los ojos y a ver.
45. Admiré al Señor de las ovejas examinándolas, dándoles agua y hierba.
46. Aquella oveja ya mencionada avanzaba con ellas y las guiaba.
47. Y cuando esta hubo ascendido a la cima de una elevada roca, el Señor de las ovejas se la envió.
48. Después, vi a su Señor ante ellas, con aspecto magnánimo y severo.
49. Y cuando todas le vieron, se aterrorizaron al ver su rostro.
50. Todas ellas se alarmaron y temblaron. Gritaron a esa oveja y a la otra que había estado con él y que se hallaba entre ellas, diciendo: No somos capaces de permanecer ante nuestro Señor, ni siquiera de mirarle.
51. A continuación, la oveja que las guiaba se marchó y subió a la cima de la roca.
52. Entonces el resto de las ovejas empezaron a quedarse ciegas y a desviarse del camino que ella les había enseñado, pero esa oveja lo ignoraba.
53. Sin embargo, su Señor se indignó mucho con ellas, y cuando esa oveja se enteró de lo que había sucedido
54. descendió de la cima de la roca y conforme se iba acercando descubrió que eran muchas
55. las que se habían quedado ciegas
56. y se habían desviado de su camino. Tan pronto como la vieron, temieron y temblaron ante su rostro;
57. deseando volver a su redil.
58. Después, esa oveja, tomando consigo otras ovejas, se acercó a aquellas que se habían desviado.

59. Luego, empezó a matarlas. Estaban aterradas por su semblante. Hizo que aquellas que se habían desviado, regresaran y volvieran a su redil.
60. Asimismo, en mi visión contemplé que esa oveja se convertía en un hombre, que construía una casa para el Señor de las ovejas, y que las hizo permanecer a todas en esa casa.
61. También pude ver que la oveja que había llegado para conocer a esta oveja, su guía, había muerto. Y también vi que todas las ovejas más grandes habían muerto, mientras que las más pequeñas se habían levantado en su lugar, habían entrado en un pastizal y se habían acercado a un río.
62. Después, esa oveja, la que las guiaba, que se había convertido en hombre, fue separada de ellas y murió.
63. Todas las ovejas la buscaron y lloraron por ella con amargo lamento.
64. También advertí que dejaron de llorar por esa oveja y atravesaron el río.
65. Se levantaron otras ovejas, todas ellas guiándolas, en lugar de las que habían muerto y que las habían guiado anteriormente.
66. Vi que las ovejas entraban en un hermoso lugar, una tierra placentera y gloriosa.
67. Contemplé cómo se saciaban, que su casa estaba en medio de un territorio exuberante, y que de vez en cuando sus ojos se abrían, otras veces se cegaban; hasta que otra oveja se levantó y las guio. Las trajo a todas de vuelta y sus ojos se abrieron.
68. Los perros, los zorros y los jabalís empezaron a devorarlas, hasta que, una vez más, otra oveja se puso en pie para guiarlas, la líder del rebaño, una de ellas, un carnero. Este empezó a dar topetazos por todos lados a los perros, a los zorros y a los jabalís, hasta que todos ellos perecieron.

69. Entonces la primera oveja abrió los ojos y vio al carnero entre ellas, quien había dejado de lado su gloria.
70. Y él empezó a golpear a las ovejas, pisoteándolas y comportándose indignamente.
71. Entonces el Señor de las ovejas envió a la primera oveja una vez más hacia una nueva oveja, y la crió para que fuera un carnero, para que las guiara en sustitución de aquella oveja que había perdido su gloria.
72. Acercándose a él, hablando solamente con él, crió al carnero y lo hizo príncipe y líder del rebaño. [Ahora bien,] en el momento en el que los perros molestaban a las ovejas,
73. el primer carnero mostraba respeto al segundo carnero.
74. Luego, el segundo carnero se levantó y se alejó de su presencia. Y contemplé que esos perros hacían caer al primer carnero.
75. Pero el segundo carnero se levantó y condujo a las pequeñas ovejas.
76. Ese carnero engendró numerosas ovejas, y murió.
77. Entonces había una pequeña oveja, un carnero, en su lugar, que se convirtió en príncipe y líder, conductor de las ovejas.
78. Y esas ovejas crecieron y se multiplicaron.
79. Y todos los perros, los zorros y los jabalís le temieron y huyeron lejos de él.
80. Ese carnero pegó y mató a todas las bestias salvajes, de modo que no pudieron imponerse más entre las ovejas ni arrebatarlas nunca más.
81. Y esa casa se construyó grande y espaciosa; con una torre elevada construida encima de ella por las ovejas, para el Señor de las ovejas.

82. La casa era baja, pero la torre, elevada y altísima.
83. Después, el Señor de las ovejas permaneció sobre esa torre, e hizo colocar ante él una mesa repleta.
84. Nuevamente contemplé que esas ovejas se extraviaban e iban por multitud de caminos, incluso abandonaban su casa.
85. Y su Señor llamó a algunas ovejas de entre ellas y se las envió.
86. Pero las ovejas empezaron a matarlas. Y cuando una de entre ellas sobrevivió a la matanza, saltó y gritó a aquellos que estaban deseosos de matarla.
87. Pero el Señor de las ovejas la salvó de entre sus pezuñas y la hizo ascender y permanecer con Él.
88. Le envió también muchas otras, para testificar, con lamentos para gritar contra ellas.
89. Asimismo vi como algunas de ellas abandonaban la casa de su Señor y su torre, deambulando por todas partes y quedándose ciegas.
90. Y vi que el Señor de las ovejas hacía una gran matanza entre ellas en sus pastos, hasta que estas le gritaron a consecuencia de esa carnicería. Entonces él partió de su morada y las dejó en poder de leones, tigres, lobos, hienas, zorros y de todas las bestias.
91. Y esas bestias salvajes empezaron a descuartizarlas.
92. También lo observé abandonar la casa de sus padres y su torre; entregándolas a los leones, para que ellos las descuartizaran y las devoraran; a todas las bestias.
93. Y yo me puse a gritar con todas mis fuerzas, implorando al Señor de las ovejas y mostrándole cómo las ovejas estaban siendo devoradas por todas las bestias carroñeras.

94. Pero observó en silencio, regocijándose de que fueran devoradas, tragadas y llevadas, dejándolas en poder de todas las bestias hambrientas. Él llamó a setenta pastores y les asignó el cuidado de las ovejas para que las vigilaran;
95. les dijo a los pastores y a los compañeros de estos: Cada uno de vosotros de ahora en adelante vigilará a las ovejas, y fuere lo que fuere lo que yo os ordene, hacedlo; y os las entregaré numeradas.
96. Os diré cuáles deben ser asesinadas; esas, matadlas. Y Él les entregó las ovejas.
97. Después llamó a otro y le dijo: Comprende y observa todo lo que los pastores harán a esas ovejas, porque perecerán muchas más de las que yo he ordenado.
98. Se realizará un recuento de todo exceso y matanza que los pastores cometan: cuántas perecerán por orden mía; cuántas matarán por su propia decisión.
99. Toda destrucción acarreada por cada uno de los pastores será anotada; y según el número convocaré que se haga una lectura ante mí: cuántas habrán destruido por propia voluntad y cuántas entregaron para la destrucción; para que pueda tener esta prueba contra ellos, para saber todos sus actos; y, al entregarles las ovejas, sabré lo que harán; tanto si actúan como yo les he mandado como si no.
100. Sin embargo, esto lo ignorarán, y tú no les podrás dar ninguna explicación ni podrás reprenderles; pues para ello se anota toda la destrucción hecha por ellos, en sus respectivas estaciones. Y empezaron a matar y a destruir más de lo que se les había ordenado.

101. Y dejaron a las ovejas en poder de los leones, de modo que muchas de ellas fueron devoradas y tragadas por los leones y los tigres, y los jabalís se alimentaron de ellas. Quemaron la torre y derrumbaron la casa.

102. Me apené profundamente por la torre y porque la casa de las ovejas había sido derrumbada.

103. Y desde entonces ya no pude controlar si entraban nuevamente en la casa.

104. Asimismo los pastores y sus compañeros las entregaron a todas las bestias salvajes, para que las devoraran. Cada una de ellas en su estación, según su número, era entregada. Cada una de ellas, la una con la otra, fue anotada en un libro, cuántas habían sido destruidas, cuántas de ellas, la una con la otra, en un libro.

105. Sin embargo, se destruyó mucho más de lo que se había mandado.

106. Era totalmente indignante y me puse a llorar por las ovejas.

107. Igualmente en la visión observé al que escribía, él anotaba lo que los pastores destruían día tras día. Él ascendió, permaneció y expuso cada uno de sus libros al Señor de las ovejas, que contenían todo lo que habían hecho y todo lo que cada uno de ellos había hecho desaparecer;

108. y todo lo que ellos habían entregado para ser destruido.

109. Él tomó el libro en su mano, lo leyó, lo selló y lo guardó.

110. Tras eso, observé a los pastores vigilando durante doce horas.

111. Vi que tres de esas ovejas salieron, llegaron, entraron y se pusieron a reconstruir todo lo que se había caído de esa casa.

112. Pero los jabalís entorpecieron [el trabajo], pese a que ya no imperaban.

113. Retomaron la construcción, como antes, y elevaron esa torre, que se denominó la alta torre.
114. Nuevamente, colocaron una mesa ante la torre, con todo tipo de pan sobre ella, impuro y sucio.
115. Por otro lado, todas las ovejas estaban ciegas y no podían ver; y de igual modo sus pastores.
116. Así, para una mayor destrucción, fueron entregadas a los pastores, quienes las pisotearon y las devoraron.
117. Pero el Señor de las ovejas permanecía callado, hasta que todas las ovejas en el campo fueron destruidas. Los pastores y las ovejas se mezclaron, pero no se salvaron del poder de las bestias.
118. El que había escrito el libro ascendió, se lo mostró y, en su morada, se lo leyó al Señor de las ovejas. Él le suplicó por ellas, y oró, señalando cada uno de los actos de los pastores y testificando en su contra ante Él. Y tomando su libro, lo dejó en sus manos y partió.

Capítulo 89

1. Y durante el tiempo observé que treinta y siete pastores estaban vigilando, cada uno de los cuales terminó, a su respectivo momento, como el primero. Otros los recibieron en sus manos, para que los vigilaran en su momento; cada pastor en su momento.
2. Después de esto, observé en mi visión que todos los pájaros del cielo se aproximaban; águilas, buitres, milanos y cuervos. El águila los guiaba a todos.
3. Empezaron a devorar las ovejas, a picotearles los ojos y a engullir sus cuerpos.

4. Las ovejas gritaron porque las aves estaban devorando sus cuerpos.
5. Incluso yo grité y gemí dormido, contra ese pastor que vigilaba el rebaño.
6. Y miré, mientras los perros, las águilas y los milanos comían las ovejas. Estos apenas dejaron nada de su cuerpo, ni de su piel ni de sus músculos, hasta que solo quedaron sus huesos; hasta que sus huesos cayeron al suelo. Y las ovejas disminuyeron.
7. También observé entonces que veintitrés pastores estaban vigilando, quienes sumaban en sus respectivos tiempos cincuenta y ocho períodos.
8. Luego nacieron unos pequeños corderos de estas ovejas blancas, quienes empezaron a abrir los ojos y a ver, gritando a las ovejas.
9. Sin embargo, las ovejas no les gritaron a ellos, ni siquiera oyeron lo que les decían; estaban sordas, ciegas y eran obstinadas en grado sumo.
10. Observé en la visión que los cuervos descendían sobre esos corderos;
11. que alcanzaban a uno de ellos y, despedazándolo, lo devoraban.
12. También vi que a esos corderos les crecían cuernos; y los cuervos se posaban en sus cuernos.
13. Asimismo, ví que un gran cuerno retoñó en un animal entre las ovejas, y que los ojos de estas fueron abiertos.
14. Él las miró; los ojos de ellas estaban completamente abiertos; y gritó a las ovejas.
15. Y el dabela lo vió; todos ellos [los corderos] corrieron hacia él.
16. Y a pesar de esto, todas las águilas, los buitres, los cuervos y los milanos seguían llevándose ovejas, descendiendo so-

bre ellas y devorándolas. Las ovejas permanecían en silencio, pero el dabela se lamentaba y gritaba.

17. Los cuervos se enfrentaron a ellos y lucharon contra ellos.
18. Deseaban quebrar sus cuernos, pero no lograron imponerse sobre él.
19. Los observé, hasta que vinieron los pastores, las águilas, los buitres y los milanos.
20. Quienes gritaron a los cuervos para que rompieran el cuerno del dabela, para que combatieran contra Él y que lo mataran. Pero él luchó con ellos, y él gritó para que le socorrieran.
21. Advertí que venía el hombre que había anotado los nombres de los pastores y que había ascendido ante el Señor de las ovejas.
22. Traía ayuda e hizo que todos lo vieran descender para ayudar al dabela.
23. También advertí que, enfurecido, se aproximaba a ellas el Señor de las ovejas, mientras todos aquellos que lo veían escapaban; todos cayeron en su tabernáculo ante su rostro; mientras tanto, todas las águilas, los buitres, los cuervos y los milanos se congregaron y llevaron consigo todas las ovejas del prado.
24. Vinieron todos juntos y se esforzaron por romper el cuerno del dabela.
25. Observé que el hombre que había escrito el libro según la palabra del Señor abrió el libro de la destrucción, esa destrucción que habían causado los doce últimos pastores, y señaló ante el Señor de las ovejas que ellos habían destruido mucho más que sus predecesores.
26. Asimismo vi que el Señor de las ovejas se acercaba a ellas y, tomando con su mano el cetro de su ira, golpeó la tierra, la

cual se partió en dos; y todas las bestias y los pájaros del cielo cayeron desprendiéndose de las ovejas y fueron engullidos por la tierra, que se cerró sobre ellos.

27. También pude ver que una gran espada era entregada a las ovejas, quienes se dirigieron contra todas las bestias del páramo para matarlas.

28. Pero todas las bestias y las aves del cielo huyeron de delante de su rostro.

29. Y vi cómo se erigía un trono en una agradable tierra.

30. En él se sentó el Señor de las ovejas, quien recibió todos los libros sellados;

31. los cuales se abrieron ante Él.

32. El Señor llamó a los siete primeros hombres blancos y les ordenó que trajeran, ante Él, la primera de las primeras estrellas, la que precedía a las estrellas, cuya forma se asemejaba en parte a la de los caballos; la primera estrella, la que primero cayó; y ellos las trajeron todas ante Él.

33. Él habló al hombre que escribía ante su presencia, que era uno de los siete hombres blancos, diciéndole: Toma estos setenta pastores, a quienes yo había encomendado las ovejas y quienes, después de haberlas recibido, mataron muchas más de lo que yo había ordenado. Y he aquí que los vi a todos encadenados y de pie ante Él. Primero tuvo lugar el juicio de las estrellas, las cuales, tras ser juzgadas y consideradas culpables, se dirigieron al lugar del castigo. Las lanzó a un paraje profundo y lleno de un fuego llameante y de pilares de fuego. Después, los setenta pastores fueron juzgados; tras ser considerados culpables, fueron lanzados también a ese abismo ardiente.

34. En ese momento, percibí asimismo que un abismo se abría en medio de la tierra, y que estaba lleno de fuego.
35. Y ahí se condujo a las ovejas ciegas, quienes, tras ser juzgadas y halladas culpables, fueron arrojadas a este abismo de fuego de la tierra, y ardieron.
36. Ese abismo se encontraba a la derecha de esa casa.
37. Y vi arder a esas ovejas, y sus huesos consumirse.
38. Permanecí contemplando cómo Él hundía esa vieja casa, mientras ellos se llevaban todas las columnas, todas las plantas, y todo el marfil que contenía. Se lo llevaron todo y lo depositaron en un lugar a la derecha de la tierra.
39. También divisé al Señor de las ovejas construyendo una nueva casa, más grande y más alta que la primera, y que encerró en ese primer lugar circular. Todas sus columnas eran nuevas, igual que su marfil, y era más abundante que el primer marfil antiguo que se había llevado.
40. Y mientras todas las ovejas que quedaban estaban en el centro de esta, todas las bestias de la tierra, y todas las aves del cielo, se postraron y las adoraron, suplicándoles y obedeciéndolas en todo.
41. Luego, aquellos tres que estaban vestidos de blanco y que, tomándome de la mano, me habían elevado al principio mientras la mano de aquel que habló me sujetaba, me hicieron subir y me colocaron en medio de estas ovejas, antes de que tuviera lugar el juicio.
42. Esas ovejas eran todas blancas, de larga y pura lana. Todas aquellas que habían perecido y habían sido destruidas, cada bestia de la tierra y cada ave del cielo se reunió en esa casa;

mientras, el Señor de las ovejas se regocijaba con gran alegría porque todos eran buenos y habían regresado a su casa.

43. Vi que habían dejado en el suelo la espada que había dado a las ovejas, y la devolvieron a su casa, sellándola en presencia del Señor.

44. Todas las ovejas habrían sido encerradas en esa casa si hubiera habido suficiente espacio; los ojos de todas se abrieron, mirando fijamente al Bueno; no había ninguna que no lo contemplase.

45. Vi que esa casa era grande y espaciosa y estaba totalmente llena. También me di cuenta de que había nacido una vaca blanca, con grandes cuernos; y que todas las bestias de la tierra y todas las aves del cielo le temían y le suplicaban continuamente.

46. Observé que su aspecto iba mutando y que todas se convertían en vacas blancas.

47. Y que la primera, que estaba entre ellas, habló cuando la palabra se convirtió en una gran bestia, sobre cuya cabeza sobresalían dos cuernos negros.

48. Mientras tanto el Señor de las ovejas se alegraba por ellos y por todas las vacas.

49. Me acosté entre ellas: me desperté y lo vi todo. Esta es la visión que tuve, acostado y despierto. Después bendije al Señor de la justicia y lo glorifiqué.

50. Después de esto lloré abundantemente, y mis lágrimas no cesaron, porque era incapaz de soportarlo. Mientras estaba mirando, brotaban por todo lo que había visto, por todo lo que había llegado y se había ido; yo había contemplado cada acto individual sobre la conducta de los hombres.

51. Esa noche recordé mi primer sueño, y por eso lloré y me turbé, porque había tenido esa visión.

Capítulo 90

1. Y ahora, hijo mío Matusalén, convócame a tus hermanos y reúne a todos los hijos de tu madre, pues una voz me llama y el espíritu se ha vertido sobre mí, para que yo te muestre todo lo que te sucederá por la eternidad.
2. Entonces Matusalén se fue, convocó a todos sus hermanos junto a él y reunió a sus parientes.
3. Y conversó con todos sus hijos con sinceridad,
4. Enoc dijo: Oíd, hijos míos, cada palabra de vuestro padre y escuchad con rectitud la voz de mi boca, porque yo quiero captar vuestra atención, mientras os hablo. Bienamados, aferraos a la integridad y andad con ella.
5. No alcancéis la integridad con doble corazón, ni os juntéis con hombres de doble ánimo, sino caminad, hijos míos, en la justicia, que os llevará por los buenos senderos; y sea la verdad vuestra compañera.
6. Pues sé que la tiranía existirá y se impondrá en la Tierra; que finalmente un gran castigo tendrá lugar y que se consumará toda la injusticia, que será cortada de raíz, y que toda estructura erigida por ella perecerá. La injusticia, con todo, volverá a renovarse y a consumirse en la Tierra. Todo acto delictivo, y toda obra de tiranía y de injusticia será aceptada por segunda vez.
7. Por tanto, cuando la injusticia, el pecado, la blasfemia, la tiranía y toda obra maligna hayan aumentado, y cuando la

desobediencia, la impiedad y la impureza se hayan también incrementado, entonces caerá sobre ellos un gran castigo infligido desde el cielo.

8. El santo Señor montará en cólera e impondrá sobre todos el gran castigo del cielo.
9. El santo Señor se enfurecerá y castigará, para así ejecutar la sentencia sobre la Tierra.
10. En esos días, la violencia será cortada de raíz y la injusticia con engaño también será erradicada, desapareciendo de debajo del cielo.
11. Todo lugar de fortaleza será entregado con sus habitantes; será quemado con fuego. Ellos serán traídos de todas las partes de la Tierra y arrojados a un juicio de fuego. Y perecerán por la cólera y por una abrumadora sentencia para siempre.
12. La justicia se despertará de su letargo, y la sabiduría surgirá y les será concedida.
13. Entonces, las raíces de la injusticia serán cortadas, los pecadores perecerán a espada y los blasfemos serán aniquilados por doquier.
14. Los que meditan la tiranía y los que blasfeman morirán por la espada.
15. Y ahora, hijos míos, os describiré y os mostraré el camino de la justicia y el camino de la tiranía.
16. Volveré a mostrároslos, para que sepáis qué está por venir.
17. Escuchadme ahora, hijos míos, y caminad por los senderos de justicia y rehuid los de la tiranía, pues todos aquellos que caminan por el sendero de la maldad perecerán para siempre jamás.

Cartas de Enoc

Capítulo 91

1. Aquello que escribió Enoc. Escribió toda esa doctrina de sabiduría para cada hombre de dignidad y para cada juez de la tierra: Para todos mis hijos, quienes habitan en la Tierra, y para las generaciones futuras, para que se conduzcan recta y pacíficamente.
2. No permitáis que vuestro espíritu se aflija a causa de los tiempos, pues el Santo, el Altísimo, ha determinado un período para todos.
3. Dejad que el hombre justo despierte de su letargo; dejad que se levante y avance por el camino de la justicia, por todos sus caminos, y permitidle avanzar en la bondad y en la clemencia eterna. La misericordia será mostrada al hombre justo; a él se les concederá la integridad y el poder para siempre. Él existirá en la bondad y en la justicia y caminará con luz imperecedera; pero el pecado perecerá en la oscuridad eterna y no aparecerá más desde este día hasta la eternidad.

Capítulo 92

1. Tras esto, Enoc empezó a hablar de un libro.
2. Y Enoc dijo: A propósito de los hijos de la justicia, a propósito de los elegidos del mundo y a propósito de la planta de la justicia y la integridad:

3. Respecto a estas cosas os hablaré y estas cosas os explicaré, hijos míos, yo, que soy Enoc. Como consecuencia de lo que me ha sido mostrado, por mi celestial visión y por la voz de los santos ángeles, he adquirido conocimiento; y de las tablillas del cielo, he adquirido entendimiento.
4. Enoc comenzó luego a hablar de un libro y dijo: Yo nací el séptimo la primera semana, cuando el juicio y la justicia aguardaban con paciencia.
5. Pero detrás de mí, en la segunda semana, aflorará una gran maldad y surgirá el engaño.
6. Durante esa semana tendrá lugar el final de la primera, en la que la humanidad estará a salvo.
7. Pero cuando la primera se haya completado, la injusticia crecerá y Él ejecutará un decreto sobre los pecadores.
8. A continuación, en la tercera semana, casi al finalizar, un hombre de la planta del juicio justo será elegido, y tras él crecerá la planta de justicia para siempre.
9. Posteriormente, en la cuarta semana, durante su culminación, las visiones de los santos y de los justos se revelarán, la orden de las generaciones tras generaciones tendrá lugar y se les preparará una morada. Y después, al finalizar la quinta semana, la casa de la gloria y de la dominación será erigida para la eternidad.
10. A continuación, en la sexta semana, todos los que están en ella se oscurecerán, al corazón de todos ellos le costará recordar la sabiduría, y por ella un hombre ascenderá.
11. Y a su fin, Él incendiará la casa de dominación y toda la raza del linaje elegido será dispersada.
12. Después, en la séptima semana, surgirá una generación perversa; numerosos y perversos serán sus actos. Al término de

esta, los justos serán elegidos de la eterna planta de justicia y a ellos se les dará la séptupla doctrina de toda su creación.

13. Y después habrá otra semana, la octava de justicia, a la cual se entregará una espada para que ejecute la sentencia y la justicia sobre todos los opresores.

14. Los pecadores serán entregados a manos de los justos, quienes, al alcanzar su fin, adquirirán morada gracias a su justicia; y la casa del gran Rey se dispondrá para las celebraciones por siempre. Y después, en la novena semana, el juicio de justicia será revelado a todo el universo.

15. Todas las obras de los impíos desaparecerán de la totalidad de la Tierra; el mundo será acusado de destrucción; y todos los hombres estarán atentos al camino de la integridad.

16. Y tras ello, en el séptimo día de la décima semana, tendrá lugar un perpetuo juicio que será ejecutado sobre los vigilantes y un espacioso cielo eterno emergerá en medio de los ángeles.

17. El primer cielo desaparecerá y pasará, y un nuevo cielo aparecerá y todos los poderes celestiales brillarán con un esplendor siete veces mayor por siempre. A continuación, llegarán igualmente muchas semanas que transcurrirán aparentemente con bondad y justicia.

18. El pecado no será mencionado ahí por los siglos de los siglos.

19. ¿Quién, de todos los hijos de los hombres, puede oír la voz del Santísimo sin emocionarse?

20. ¿Quién hay capaz de pensar sus pensamientos? ¿Quién puede contemplar todas las obras del cielo? ¿Quién puede comprender los actos del cielo?

21. Ese podrá ver su actividad, pero no su espíritu. Podrá hablar de ello, pero no ascender a ello. Podrá ver todos los límites de

estas cosas y meditar sobre ellas, pero no podrá realizar nada que se les parezca.

22. ¿Quién, de todos los hombres, puede entender la anchura y la longitud de la Tierra?
23. ¿Y quién ha observado las dimensiones de todas estas cosas? ¿Acaso todos los hombres pueden comprender la extensión del cielo, saber cuál es su altura y dónde se apoya?
24. ¿Qué cantidad de estrellas hay y dónde reposan las luminarias?

Capítulo 93

1. Ahora, hijos míos, dejad que os invite a amar a la justicia y a caminar en ella, porque los caminos de la justicia son dignos de ser seguidos; en cambio, los caminos de la iniquidad se quebrarán y desaparecerán de repente.
2. Los caminos de la tiranía y de la muerte son revelados a los hombres ilustres de su generación, pero ellos se alejan de ellos y no los siguen.
3. Ahora dejad que os aliente también a los que sois justos, para que no andéis por los caminos de maldad y tiranía, ni por los caminos de muerte. No os aproximéis a ellos, pues pereceréis; codiciad
4. y elegid vosotros mismos la justicia y la vida plácida.
5. Caminad por los senderos de paz para poder vivir y ser digno. Retened mis palabras en lo más profundo de vuestros pensamientos y no las borréis jamás de vuestro corazón, porque sé que los pecadores aconsejan astutamente a los hombres para que cometan delitos. No se encuentran en todas partes, ni todos sus consejos poseen algo de ellas.

6. Ay de aquellos que alimentan la iniquidad y la tiranía, y que cimientan el engaño, porque serán derrumbados súbitamente y jamás hallarán la paz.

7. Desdichados aquellos que construyen sus casas mediante el delito, porque serán derruidas desde sus cimientos y ellos mismos caerán por la espada. También aquellos que se han apoderado del oro y de la plata perecerán de repente y justamente. Pobres de vosotros que sois ricos, porque habéis confiado en vuestras riquezas, pero por ellas seréis apartados, porque no os habéis acordado del Altísimo en los días de vuestra prosperidad: [seréis apartados, porque no os habéis acordado del Altísimo en los días de vuestra prosperidad].

8. Habéis cometido blasfemia e iniquidad y estáis destinados al día de la efusión de sangre, al día de las tinieblas y al día del gran juicio.

9. Esto os manifiesto y os anuncio: que el que os ha creado os destruirá.

10. Cuando caigáis, Él no tendrá piedad de vosotros, mas vuestro Creador se regocijará en vuestra destrucción.

11. Dejad que aquellos que sean justos entre vosotros durante esos días detesten a los pecadores y a los impíos.

Capítulo 94

1. ¡Oh, cuánto no fueron mis ojos nubes de agua, lloré por vosotros y derramé lágrimas como lluvia y me deshice de la tristeza de mi corazón!

2. ¿Quién os ha permitido odiar y pecar? El juicio os alcanzará, pecadores.

3. Los justos no deben temer a los malvados, porque Dios los entregará de nuevo a vuestro poder para que os venguéis de ellos a vuestro gusto.
4. Desdichados vosotros, que seréis atados por las execraciones de las cuales no podréis liberaros; el remedio quedará bien alejado de vosotros, por culpa de vuestros pecados. Pobres de vosotros que pagáis con el mal a vuestro prójimo, porque seréis recompensados según vuestros actos.
5. Infelices vosotros, falsos testigos, que agraváis la injusticia, porque pereceréis repentinamente.
6. Ay de vosotros, pecadores, porque rechazáis a los justos, porque recibís o rechazáis a placer a aquellos que cometen la injusticia, y su yugo os dominará.

Capítulo 95

1. Tened confianza, oh, justos, porque los pecadores serán repentinamente aniquilados ante vosotros y deberéis ejercer el poder sobre ellos, según vuestra voluntad.
2. En el día de la aflicción de los pecadores, vuestros descendientes serán elevados y ascendidos como águilas. Vuestro nido será más elevado que el del buitre; subiréis y penetraréis en las cavidades de la tierra y por las grietas de las rocas para siempre, como los conejos, a la vista de los impíos;
3. quienes gemirán por vosotros y llorarán como sirenas.
4. No debéis temer a aquellos que os turban, porque el restablecimiento será vuestro; una deslumbrante luz brillará a vuestro alrededor y la voz de la paz se oirá desde el cielo. Desdichados vosotros, pecadores, porque vuestra riqueza os hace parecer santos, pero vuestros corazones os reprochan porque

saben que sois pecadores. Este mundo testificará en contra de vosotros, en recuerdo de vuestro delito.

5. Infelices vosotros que os alimentáis de la gloria del trigo y bebéis la fortaleza del manantial más profundo, y en el orgullo de vuestro poder pisoteáis a los humildes.
6. Ay de vosotros que bebéis agua a placer, porque en el momento menos pensado seréis recompensados, consumidos y ajados, porque habéis abandonado la fuente de la vida.
7. Desdichados vosotros que actuáis injusta, fraudulentamente y blasfemando; pues se os recordarán todos los males.
8. Pobres de vosotros, poderosos, que mediante el poder oprimís al justo, porque el día de vuestra destrucción llegará; mientras que, en ese mismo momento, habrá una parte de los numerosos y buenos días para los justos, incluso el día de vuestro juicio.

Capítulo 96

1. Los justos confían en que los pecadores serán desgraciados y perecerán en el día de la injusticia.
2. Vosotros mismos seréis conscientes de ello, porque el Altísimo se acordará de vuestra destrucción y los ángeles se regocijarán en ella. ¿Qué haréis, pecadores, y a dónde volaréis el día del juicio, cuando oigáis las palabras de la oración de los justos?
3. No sois como ellos que en este asunto testificarán en contra de vosotros; sois cómplices de los pecadores.
4. En esos días, las oraciones de los justos se acercarán al Señor. Cuando llegue el día de vuestro juicio, y cada acto de vuestra injusticia sea narrado ante el Grande y Santo,

5. vuestros rostros se cubrirán de humillación, mientras cada acto, fortalecido por el delito, será rechazado.
6. ¡Ay de vosotros, pecadores, que estáis en medio del mar y en tierra firme! ¡Aquellos contra quienes existe un registro de maldad! Desdichados vosotros que malgastáis la plata y el oro, adquiridos injustamente y decís: Somos ricos, poseemos riqueza y hemos logrado todo cuanto podemos desear.
7. Ahora llevaremos a cabo lo que sea que estemos dispuestos a hacer, porque hemos acumulado plata; nuestras alacenas están llenas y los cabezas de nuestras familias son como agua desbordada.
8. Como el agua, pasará vuestra falsedad, porque vuestra riqueza no será permanente, sino que de repente ascenderá de vosotros, porque la habéis adquirido injustamente; y vosotros seréis entregados a una potente maldición.
9. Y ahora os juro, a vosotros los astutos al igual que a los ingenuos, que, al contemplar a menudo la Tierra, vosotros, que sois hombres, os vestís con más elegancia que las mujeres casadas y los dos juntos aún con mayor elegancia que la de las mujeres solteras, ataviándoos con majestuosidad en cualquier lugar, con magnificencia, con autoridad y con plata; pero el oro, la púrpura, el honor y la riqueza se escurren como el agua.
10. Por eso ni la erudición ni la sabiduría son suyas. Por eso perecerán, junto con sus riquezas, con toda su gloria y con sus honores.
11. En la desgracia, en la masacre y en una penuria extrema, su espíritu será lanzado a un horno de fuego.
12. Os he jurado, pecadores, que no ha habido ni habrá montaña ni colina alguna subordinada a ninguna mujer.

13. Tampoco el delito nos ha sido enviado de esta forma sobre la Tierra, sino que lo han maquinado los hombres por voluntad propia; y aquellos que lo han cometido serán sumamente execrados.
14. La esterilidad no será impuesta a priori a la mujer, pero a causa de la obra de sus manos ella morirá sin hijos.
15. Os juré, pecadores, por el Santo y Grande, que todas vuestras malas obras son reveladas en los cielos y que ninguno de vuestros actos tiránicos permanece oculto ni en secreto.
16. No penséis en vuestra mente ni digáis a vuestro corazón que algún delito no se manifiesta ni se ve. En el cielo se escribe diariamente ante el Altísimo. De ahora en adelante se manifestará, pues cada acto de tiranía que cometáis se registrará diariamente, hasta el día de vuestro juicio.
17. ¡Desdichados vosotros, ingenuos, pues pereceréis en vuestra ingenuidad! No escucharéis a los sabios y lo que es bueno no obtendréis.
18. Por lo tanto, sabed ahora, que estáis destinados al día de la destrucción; no esperéis que vivan los pecadores; mas al pasar el tiempo moriréis, porque no estáis calificados para la redención.
19. Porque estáis destinados al día del gran juicio, al día de la aflicción y al gran oprobio de vuestra alma.
20. ¡Pobres de vosotros, obstinados de corazón, que hacéis el mal y os alimentáis de sangre! ¿De dónde es que coméis cosas buenas, bebéis y os saciáis? ¿No es acaso porque nuestro Señor, el Altísimo, ha provisto abundantemente la tierra de buenas cosas? Para vosotros no existirá la paz.

21. Infelices vosotros, que amáis los actos injustos. ¿Por qué esperáis aquello que es bueno? Sabed que seréis entregados a manos de los justos, quienes os cortarán el cuello, os matarán y no tendrán piedad de vosotros.
22. Ay de vosotros que os regocijáis en la aflicción de los justos, pues no os será cavada ninguna tumba.
23. Desdichados vosotros que frustráis la palabra de los justos, porque para vosotros no habrá esperanza de vida.
24. Desgraciados vosotros que escribís palabras de falsedad y la palabra de los impíos, porque ellos anotan sus mentiras para que escuchen y no olviden sus locuras.
25. No habrá un momento de paz para ellos, pero sin duda morirán por una muerte repentina.

Capítulo 97

1. Desdichados aquellos que actúan impíamente, quienes alaban y honran la palabra de falsedad. Os habéis abandonado a la perdición y no habéis llevado jamás una vida virtuosa.
2. Ay de vosotros, que tergiversáis las palabras de integridad. Transgreden el decreto perpetuo.
3. Y hacen que la cabeza de quienes no son pecadores sea pisoteada sobre la tierra.
4. En esos días, ¡oh, justos!, seréis dignos de que vuestras oraciones se eleven en recuerdo; y serán depositadas como testimonio ante los ángeles, porque los pecados de los pecadores se registrarán ante la presencia del Altísimo.
5. En esos días, las naciones serán derrocadas, pero sus familias se levantarán de nuevo en el día de la perdición.
6. En esos días, las que queden preñadas saldrán, se llevarán a sus hijos y los abandonarán. Sus vástagos se les deslizarán,

mientras los amamantan ellas los abandonarán; y jamás volverán a ellos, y jamás enseñarán a sus bienamados.

7. Nuevamente os juro, pecadores, que el pecado está listo para el día en que la sangre no cesará.
8. Ellos adorarán las piedras, e imágenes grabadas en oro, plata y madera. Adorarán espíritus impuros, demonios y toda clase de ídolos en los templos; pero ninguna ayuda provendrá de ellos. Sus corazones devendrán impuros a causa de su locura y sus ojos, cegados por la superstición mental. En sus sueños visionarios, serán impíos y supersticiosos, pues han mentido en todos sus actos y han adorado las piedras. Por esto perecerán.
9. Pero, en esos días, serán dichosos, todos a los que la palabra de la sabiduría es entregada, los que señalan y siguen el camino del Altísimo, los que van por el camino de la justicia y los que no actúan impíamente con los impíos.
10. Ellos serán salvados.
11. Desdichados vosotros que extendéis el delito de vuestro prójimo, pues seréis asesinados en el infierno.
12. Ay de vosotros que sembráis la semilla del pecado y del engaño, que sois amargos en la Tierra, pues por ello seréis consumidos.
13. Pobres de vosotros que edificáis vuestras casas gracias al trabajo de los demás, cada parte de la cual está hecha de ladrillo y de la piedra del pecado. Os digo que no obtendréis un momento de paz.
14. Infelices vosotros que menospreciáis el alcance de la herencia eterna de vuestros padres, mientras vuestra alma sigue a los ídolos, porque no habrá calma para vosotros.
15. Desgraciados los que cometen injusticia y prestan su ayuda a la blasfemia, quienes matan a su prójimo hasta el día del gran

juicio, pues vuestra gloria caerá; Él infundirá malicia en vuestro corazón y el espíritu de su ira os sacudirá hasta que todos perezcáis por la espada.

16. Entonces todos los justos y los santos recordarán vuestros delitos.

Capítulo 98

1. Y en esos días, los padres serán golpeados con sus hijos los unos en presencia de los otros y los hermanos caerán muertos con sus hermanos hasta que como un río corra su sangre.
2. Porque el hombre no refrenará su mano sobre su hijo ni sobre el hijo de su hijo, su misericordia será matarlos.
3. El pecador tampoco refrenará su mano sobre su honrado hermano. Desde el amanecer hasta la puesta del sol, se prolongará la matanza. El caballo vadeará hasta su lomo y el carruaje se hundirá hasta el eje con la sangre de los pecadores.

Capítulo 99

1. En esos días, los ángeles descenderán a lugares ocultos y todos los que han participado en el pecado se reunirán en un mismo sitio.
2. Ese día el Altísimo se levantará para llevar a cabo el gran juicio sobre todos los pecadores y asignará el cuidado de todos los justos y los santos a los santos ángeles, para que los protejan como a la niña de sus ojos hasta que todo mal y todo pecado sea destruido por completo.
3. Si los justos duermen de forma segura o no, es algo que los sabios perfectamente detectarán.
4. Y los hijos de la Tierra comprenderán cada palabra de ese libro y reconocerán que sus riquezas no pueden salvarlos en la ruina de sus pecados.

5. Desdichados vosotros, pecadores, si os afligís por los justos en el día de la gran penuria, arderéis en el fuego y recibiréis la recompensa según vuestros actos.

6. Pobres de vosotros, corazones descarriados, que veláis por conseguir un fiel conocimiento del mal y por descubrir la violencia. Nadie os socorrerá.

7. Ay de vosotros, pecadores, que con las palabras de vuestra boca y por las obras de vuestras manos habéis actuado impíamente, porque arderéis en la llama de un fuego abrasador.

8. Y ahora sabed que los ángeles investigarán vuestra conducta en el cielo; al Sol, a la Luna y a las estrellas preguntarán sobre vuestros pecados, porque en la Tierra tenéis jurisdicción sobre los justos.

9. Cada nube testificará contra vosotros, la nieve, el rocío y la lluvia, porque todos ellos se os ocultarán, para que no desciendan sobre vosotros ni devengan cómplices de vuestros pecados.

10. Ahora traed ofrendas a la lluvia, para que, sin ocultarse, descienda sobre vosotros, y al rocío, si ha recibido de vosotros oro y plata. Pero cuando la escarcha, la nieve, el frío y todo viento nevado y todas las calamidades que les pertenezcan, caigan sobre vosotros, esos días seréis totalmente incapaces de manteneros en pie ante ellos.

Capítulo 100

1. Pensad atentamente en el cielo, hijos del cielo, y en toda la obra del Altísimo; temedle y no os comportéis de modo criminal ante Él.

2. Si Él cierra las ventanas del cielo, restringiendo la lluvia y el rocío, de modo que no caiga sobre la tierra por vuestra culpa, ¿qué haréis?

3. Y si Él envía su ira contra vosotros y contra todas vuestras obras, no sois quienes para suplicarle; vosotros quienes pronunciáis contra su justicia palabras orgullosas y poderosas. No habrá paz para vosotros.
4. ¿No veis a los capitanes de las embarcaciones, cómo sus navíos son zarandeados por las olas, hechos añicos por los vientos y expuestos al mayor de los peligros?
5. ¿Acaso temen por eso, porque han embarcado con ellos todas sus posesiones al océano y porque ellos prohíben el mal en sus corazones porque puede tragarlos y pueden perecer en él?
6. ¿Acaso no es todo el mar y todas sus aguas y toda su conmoción obra del Altísimo, de quien ha sellado todos sus esfuerzos y los ha ceñido a cada lado con arena?
7. ¿Acaso su reprimenda no se seca y se alarma, mientras todos sus peces con todo lo que conlleva perecen? Y vosotros, pecadores, que estáis sobre la Tierra, ¿no le teméis? ¿Acaso no es Él el creador del cielo y de la tierra y de todo lo que en ellos hay?
8. ¿Y quién ha dado la erudición y la sabiduría a todo lo que se mueve en progresión sobre la tierra y por el mar?
9. ¿Y no temen los capitanes de los navíos al océano? ¿Y no deberían los pecadores temer al Altísimo?

[**No consta el Capítulo 101**]

Capítulo 102

1. En esos días, cuando Él lance sobre vosotros las calamidades del fuego, ¿dónde huiréis y cómo estaréis a salvo?

2. Y cuando Él envíe su palabra contra vosotros, ¿no seréis salvados y estaréis aterrados?
3. Todas las luminarias se inquietan con gran temor y la tierra entera es salvada, mientras tiembla y se turba.
4. Todos los ángeles cumplen las órdenes que han recibido y están deseosos de ser ocultados de la presencia de la Gran gloria, mientras los hijos de la Tierra se alarman y se angustian.
5. Pero vosotros, pecadores, estáis malditos para siempre; no habrá paz para vosotros.
6. No temáis, almas de los justos, mas esperad con paciente esperanza el día de vuestra muerte con justicia. No os lamentéis, porque vuestras almas descienden con gran angustia, con sollozos, lamentos y pesar al receptáculo de los muertos. En vuestra vida, vuestros cuerpos no han recibido ninguna recompensa proporcional a vuestra bondad, pero durante el periodo de vuestra existencia ha habido también pecadores, en el periodo de la execración y del castigo.
7. Y cuando morís, los pecadores dicen de vosotros: «Cuando nosotros morimos, los justos mueren. ¿Qué provecho sacan ellos de sus obras? Mirad que, igual que nosotros, ellos espiran con dolor y en las tinieblas. ¿En qué nos aventajan? Desde ahora somos iguales. ¿Qué habrá al alcance de su mano y qué ante sus ojos para siempre? Porque mirad que han muerto y nunca más volverán a ver la luz». Yo os digo, pecadores: Os habéis saciado de comida y bebida, de robar y asaltar a los hombres, de pecar, de adquirir riquezas y de contemplar días dichosos. ¿No habéis distinguido a los justos, quienes tienen su final en paz?, pues no se ha hallado ninguna violencia en ellos hasta el día de su muerte. Perecen, y lo hacen como si no

sucediera, mientras sus almas caen con aflicción en el receptáculo de los muertos.

Capítulo 103

1. Pero ahora os juro, justos, por la grandeza de su esplendor y de su gloria, por su ilustre reino y por su majestuosidad, os juro que comprendo este misterio, porque he leído la tablilla del cielo, he visto las escrituras de los santos y he descubierto lo que sobre vosotros está escrito y grabado en ella.
2. He visto que toda bondad, alegría y gloria ha sido preparada para vosotros y que ha sido escrita para los espíritus de los que han muerto sumamente justos y buenos. Eso os será devuelto a cambio de vuestros pesares y vuestra parte de felicidad será superior a la de los vivos.
3. Vuestros espíritus, los de aquellos que habéis muerto con justicia, vivirán y se alegrarán. Sus espíritus se exultarán, y su recuerdo acontecerá ante el rostro del Todopoderoso de generación en generación. Tampoco deberán temer a la desgracia.
4. Desdichados vosotros, pecadores, que morís en vuestros pecados. Y los que son como vosotros, dicen de vosotros: Benditos son estos pecadores. Han vivido hasta el fin de sus días y ahora mueren en la dicha y en la riqueza. Mientras vivían, no conocieron la aflicción ni la matanza; han muerto con honor y tampoco se les juzgó durante su vida.
5. Pero, ¿acaso no se les ha mostrado que, una vez en el receptáculo de los muertos, su alma se hará descender y sus malas acciones serán su peor tormento? Su espíritu entrará en las tinieblas, en las trampas y en las llamas que arderán en el gran juicio; y tendrá lugar el gran juicio por los siglos de los siglos.

6. Infelices vosotros porque allá no hallaréis la paz. Ni podréis decirles a los justos ni a los buenos que viven: «En los días de nuestra desgracia nos hemos afligido; hemos visto todo tipo de aflicciones y hemos sufrido numerosas crueldades.
7. Nuestros espíritus han sido consumidos, menguados y disminuidos.
8. Hemos perecido y no ha habido posibilidad de ser socorridos ni por palabras ni por actos; no hemos hallado nada, solo tormento y destrucción.
9. No esperamos vivir un día tras otro.
10. Aunque esperábamos haber sido la cabeza.
11. Y hemos resultado ser la cola. Hemos sido desgraciados aunque nos hayamos esforzado, pues hemos sido devorados por los pecadores y los impíos; su yugo ha pesado sobre nosotros.
12. Los que han ejercido poder sobre nosotros, nos detestan y nos acosan; y ante los que nos odian hemos bajado la cabeza, pero ellos no han tenido piedad de nosotros.
13. Hemos ansiado escapar de ellos, para huir de ellos y hallar reposo, pero no hemos encontrado lugar al que poder huir y quedar a salvo de ellos. Hemos buscado asilo con los príncipes en nuestra aflicción y hemos gritado contra los que nos devoraban, pero nuestro grito ha sido ignorado y ellos siquiera han querido escuchar nuestra voz;
14. antes al contrario, han ayudado a los que nos roban y nos devoran, a los que nos reducen en número y ocultan su tiranía; a los que no nos retiran el yugo y solo nos devoran, nos debilitan y nos matan; quienes ocultan nuestra matanza, y no se acuerdan de que han levantado la mano contra nosotros».

Capítulo 104

1. Os juro, oh, justos, que en el cielo los ángeles toman nota de vuestra bondad ante la gloria del Todopoderoso.

2. Esperad con paciente esperanza, pues anteriormente habéis sido deshonrados con el mal y el sufrimiento, pero ahora brillaréis como las luminarias del cielo. Seréis vistos y las puertas del cielo se abrirán ante vosotros. Vuestros gritos han clamado la justicia y esta se os ha aparecido, porque los príncipes y los que han presenciado vuestros robos exigirán un recuento de todo vuestro dolor.

3. Esperad con paciente esperanza y no cedáis vuestra confianza, porque gozaréis de una gran alegría como la de los ángeles de los cielos. Comportaos como debáis y no seréis ocultados el día del gran juicio. No seréis considerados pecadores, y la condena eterna tendrá lugar lejos de vosotros, durante tanto tiempo como exista el mundo.

4. Y ahora no temáis, oh, justos, cuando veáis a los pecadores exitosos y prósperos en sus caminos.

5. No os asociéis con ellos, mas manteneos alejados de su tiranía; uníos a las huestes del cielo. Vosotros, pecadores, decid: Todos nuestros pecados no se tendrán en cuenta ni se registrarán. Pero todos vuestros pecados se registrarán diariamente.

6. Os aseguro que la luz y las tinieblas, el día y la noche ven todos vuestros pecados. No seáis impíos en vuestros pensamientos, no mintáis, no renunciéis a la palabra de rectitud y no mintáis sobre la palabra del Santo y Poderoso; no adoréis a vuestros ídolos, porque todas vuestras mentiras y vuestras impiedades no contribuyen a la justicia, sino al gran pecado.

7. Ahora revelaré un misterio: numerosos pecadores se volverán en contra de la palabra de rectitud y la infringirán.
8. Blasfemarán, pronunciarán falsedades, ejecutarán grandes empresas y escribirán libros con sus propias palabras. Pero cuando escriban todas mis palabras correctamente, en sus propios idiomas,
9. no las cambiarán ni las abreviarán, sino que las escribirán correctamente; todo lo que desde el principio he pronunciado sobre ellos.
10. Revelo otro misterio: A los justos y a los sabios se les entregarán libros de dicha, de integridad y de gran sabiduría. Los libros les serán entregados y en ellos creerán;
11. y se alegrarán. Todos los justos serán recompensados, y de ellos adquirirán el conocimiento de los caminos rectos.

Capítulo 104A

1. En esos días, dijo el Señor, llamarán a los hijos de la Tierra y les harán escuchar su sabiduría. Enseñadles que sois sus líderes.
2. Y esa recompensa tendrá lugar sobre toda la Tierra, porque yo y mi Hijo estaremos en comunión con ellos eternamente en los caminos de la rectitud mientras vivan. Que la paz sea con vosotros. Regocijaos, hijos de la integridad, con la verdad.

Capítulo 105

1. Pasado un tiempo, mi hijo Matusalén eligió una mujer para su hijo Lámek.
2. Y ella concibió de él y dio a luz a un hijo, cuya carne era blanca como la nieve y roja como la flor de la rosa; los cabellos de su cabeza eran blancos como la lana y largos, y sus ojos eran

hermosos. Cuando los abrió, iluminó toda la casa como el sol; toda la casa rebosaba de luz.

3. Y cuando fue tomado de las manos de la partera, abrió la boca y habló al Señor de justicia. Su padre, Lámek, le tuvo miedo y huyendo fue a su padre, Matusalén, y le dijo: he engendrado un hijo, diferente a los otros. No es humano; pero, aunque parece un hijo de los ángeles del cielo, es de una naturaleza distinta a la nuestra y resulta totalmente diferente a nosotros.

4. Sus ojos son brillantes como los rayos del sol; su rostro es glorioso y parece como si no fuera mío sino de los ángeles.

5. Temo que tenga lugar un milagro sobre la Tierra durante sus días.

6. Y ahora, padre mío, te suplico y te pido que vayas a nuestro progenitor, Enoc, y aprendas de él la verdad, porque reside con los ángeles.

7. Cuando Matusalén hubo oído la palabra de su hijo, vino hacia mí en los confines de la Tierra, porque le habían dicho que yo me encontraba allí, y gritó.

8. Oí su voz, me acerqué a él y le dije: Aquí estoy, hijo mío, ¿por qué has venido en mi búsqueda?

9. Él me respondió, diciéndome: He venido debido a un gran acontecimiento, a causa de una visión difícil de comprender he venido en tu búsqueda.

10. Y ahora, padre mío, escúchame, porque de mi hijo Lámek ha nacido un hijo, que no es parecido a él, cuya naturaleza no es como la naturaleza de los hombres. Su color es más blanco que la nieve, más rojo que la rosa; los cabellos de su cabeza son más blancos que la blanca lana; sus ojos son como los rayos del sol y cuando los abrió, iluminó toda la casa.

11. Incluso cuando lo tomamos de las manos de la partera, abrió la boca y bendijo al Señor del cielo.
12. Su padre, Lámek, temió y huyó hacia mí, y duda de que el hijo sea suyo, porque se parece a los ángeles del cielo. Y he aquí que he venido a ti para que me puedas dar a conocer la verdad.
13. Entonces yo, Enoc, le respondí y le dije: El Señor llevará a cabo una nueva obra sobre la Tierra. Lo he explicado y lo he contemplado en una visión. Te he enseñado que en la época de mi padre, Jared, quienes pertenecían al cielo ignoraron la palabra del Señor. He aquí que pecaron, olvidaron su jerarquía, y se mezclaron con las mujeres. Con ellas también pecaron, se casaron con ellas y engendraron hijos.
14. Por eso tendrá lugar una gran destrucción en toda la Tierra: un diluvio, una catástrofe tendrá lugar en un año.
15. Ese niño que os ha nacido sobrevivirá en la Tierra, y sus tres hijos serán salvados con él. Cuando todos los hombres que están en la Tierra mueran, él será salvado.
16. Y sus descendientes engendrarán gigantes sobre la Tierra, no de espíritu sino de carne. Acontecerá un gran castigo sobre la Tierra y será purificada de toda corrupción. Por eso ahora anuncia a Lámek, tu hijo, que el que le ha nacido es verdaderamente su hijo, y deberá ponerle el nombre de Noé, porque él será vuestro superviviente. Él y sus hijos serán salvados de la corrupción que tendrá lugar en el mundo, a causa de todo el pecado y a causa de toda la iniquidad que será consumada en la Tierra en sus días. Y tras eso vendrá una iniquidad más grande que la que se ha consumado sobre la Tierra, porque yo conozco los santos misterios, esos que el Señor me ha mostrado y enseñado, y que yo he leído en las tablillas del cielo.

17. En ellas pude leer que generación tras generación se infringirá, hasta que se levante una generación de justicia, hasta que el pecado y el delito desaparezcan de la Tierra, hasta que el bien venga sobre ella.
18. Y ahora, hijo mío, ve y anúnciaselo a tu hijo Lámek,
19. que ese niño que ha nacido es realmente su hijo y que no hay engaño.
20. Cuando Matusalén hubo escuchado la palabra de su padre, Enoc, quien le había mostrado toda cosa secreta, regresó con conocimiento y reveló el nombre de ese niño, Noé, pues él debía consolar la Tierra de toda su destrucción.
21. Otro libro que escribió Enoc para su hijo Matusalén y para aquellos que habrán de venir después de él y guardarán su comportamiento puro en los días postreros. Vosotros, que habéis sido prolijos, esperad esos días hasta que los que hacen el mal y el poder de los pecadores sean aniquilados. Esperaos hasta que pase el pecado, pues sus nombres serán borrados de los santos libros; su raza será destruida y sus espíritus asesinados. Ellos gritarán y se lamentarán en un invisible desierto y arderán en el fuego sin fondo. Allí vi, tal cual, una nube a través de la que no se podía ver, pues, de lo profunda que era, yo era incapaz de ver más arriba. También divisé una llama de fuego resplandeciente y unas montañas centelleantes que se arremolinaban y se agitaban de un lado a otro.
22. Yo interrogué a uno de los santos ángeles que estaban conmigo y le dije: ¿Qué es este maravilloso objeto? Porque no es el cielo, sino una sola llama de fuego que resplandece, y en ella está el clamor del grito, de la congoja y del gran sufrimiento.

23. Y él me dijo: Ahí, en ese lugar que tú contemplaste, se lanzan los espíritus de los pecadores y de los blasfemos, de los que hacen el mal y de todos aquellos que pervierten todo aquello que ha dicho Dios por boca de los profetas, todo lo que ellos deberían hacer.

Sobre todas estas cosas habrá libros escritos y grabados arriba en el cielo, para que los ángeles puedan leerlos y así saber lo que acontecerá tanto a los pecadores como a los espíritus de los humildes, a los que han sufrido en su propia carne, pero han sido recompensados por Dios; a los que han sido ultrajados por los hombres malvados; a los que han amado a Dios; a los que no se han aferrado ni al oro ni a la plata ni a ninguno de los bienes del mundo sino que han librado su cuerpo a los tormentos;

24. a aquellos que desde el momento de su nacimiento no han codiciado las riquezas del mundo, sino que se han contemplado a sí mismos como un soplo que pasa.

25. Así se han comportado y el Señor les ha puesto a prueba duramente; y sus almas han sido halladas puras para que pudieran bendecir su nombre. Yo he narrado en un libro todas sus bendiciones y Él los ha recompensado, pues ha resultado que aman al cielo con una ambición eterna. Dios ha dicho: Mientras eran pisoteados por los malvados, ellos han oído de ellos injurias y blasfemias, y han sido humillados, mientras me bendecían. Y ahora convocaré a los espíritus de los buenos entre las generaciones de luz y transformaré a los que han nacido en las tinieblas, quienes no han sido recompensados en su cuerpo con gloria, como se merecía su fe.

26. Yo les llevaré a la luz refulgente de los que han amado mi santo nombre y colocaré a cada uno de ellos en un trono de gloria, de gloria peculiarmente propia, y descansarán durante innumerables periodos. Justa es la sentencia de Dios.
27. Él dotará de fe a los fieles en las moradas de la rectitud. Y ellos verán arrojar a las tinieblas a los que han nacido en las tinieblas, mientras los justos reposan. Los pecadores gritarán, al verlos, mientras existen en el esplendor y avanzan hacia los días y los periodos prescritos para ellos.

[Aquí termina la visión de Enoc, el profeta. ¡Que la bendición de su plegaria y el regalo de su tiempo asignado sea con sus bienamados! Amén. R. Laurence]

Libre de ansiedad
Arcángel Miguel, elimina mis nervios, angustias y preocupaciones

Mantenernos en el ahora es lo que nos permite minimizar la ansiedad. Pero esa es solo una de las claves sobre la cual ya se ha escrito mucho; la verdadera novedad que aporta este libro son afirmaciones muy sencillas al Arcángel Miguel que uno hace en voz alta en cualquier momento para vencer nervios, preocupaciones, limitaciones, exageraciones y, en definitiva, cuando haya un patrón de pensamiento que genere ansiedad. El objetivo es compensar, neutralizar o vencer la carga ansiosa para vivir una vida plena sin ataques de pánico ni preocupaciones.

Las afirmaciones se entrelazan sobre un tapiz histórico por un lado, y psicológico y científico por otro; dotando así, a esta útil herramienta, de un trasfondo serio y documentado, salpicado de casos reales que el autor ha extraído de la Historia y de su propia experiencia como astrólogo profesional y caminante de un sendero espiritual.

ISBN: 978-84-95513-94-6   150 páginas

Afirmaciones liberadoras a la Llama Violeta

Una amplia gama de afirmaciones que enlazan la astrología con las enseñanzas de los maestros ascendidos en dos pasos: primero, detectar los aspectos positivos y negativos en nuestra personalidad que nos reflejan los planetas, y segundo, aplicarles un remedio alquímico para mejorar los positivos o para mitigar o borrar los negativos.

En este libro encontrarás varias afirmaciones que contienen el poder de Dios y sirven al doble propósito de mitigar emociones y pensamientos negativos que te afecten, y a mejorar hábitos positivos. Para librarte de lo negativo y mejorar lo positivo solo tienes que recitarlas en voz alta durante unos pocos segundos.

ISBN: 978-84-95513-91-5   154 páginas

Karma con el dinero

¿Por qué, después de un tiempo, suele perderse el dinero que se ha ganado en la lotería?

Con su característico sentido del humor, el autor hace un puntual recorrido histórico por las dos orillas del Atlántico analizando las claves kármicas que bien podrían esconderse tras el estado de pobreza que afecta a personas y países de Europa y América.

A la par, se vale de ese estilo hilarante y sagaz para sonsacar algunos ejemplos de abuso de poder, mala utilización de la visualización y la verdad o falta de pureza en el corazón y en la mente, y casos de personas que, quizás como tú, se pregunten por qué les falta abundancia.

Averigua de qué manera puedes emplear la energía que Dios te envía todos los días y descubre al alquimista que hay dentro de ti.

ISBN: 978-84-95513-79-3   192 páginas

¿Desea enviarnos algún comentario sobre El libro de Enoc?

Esperamos que haya disfrutado al leerlo y que este libro ocupe un lugar especial en su biblioteca. Es nuestro mayor deseo complacer a nuestros lectores, y, por ello, nos sería de gran ayuda si rellenara y enviara esta hoja a:

Porcia Publishing Corp.
P. O. Box 831345
Miami, FL 33283 (USA)
Pedidos *Toll-Free*: 1 (866) 828-8972
Tel. (1) 305 364-0035
Fax (1) 786 573-0000

E-mail: porciaediciones@yahoo.com
www.porciaediciones.com

Comentarios: _____
_____
¿Qué le llamó más la atención de este libro? _____
_____
¿Autoriza a que publiquemos su comentario en la página web?
                 SÍ   NO
¿Quiere recibir un catálogo de libros?   SÍ   NO
Nombre: _____
Dirección: _____
Ciudad: _____ CP: _____
Provincia/Estado: _____ País: _____
Teléfono: _____ E-mail: _____

Manufactured by Amazon.ca
Acheson, AB